KIDS 1 – Aufmerksamkeitsdefizit- und Hyperaktivitätsstörung (ADHS)

D1629437

KIDS – Kinder-Diagnostik-System
Band 1
Aufmerksamkeitsdefizit- und Hyperaktivitätsstörung (ADHS)
von Prof. Dr. Manfred Döpfner, Prof. Dr. Gerd Lehmkuhl
und Prof. Dr. Dr. Hans-Christoph Steinhausen

Herausgeber der Reihe:
Prof. Dr. Manfred Döpfner und Prof. Dr. Dr. Hans-Christoph Steinhausen

KIDS 1 – Aufmerksamkeitsdefizit- und Hyperaktivitätsstörung (ADHS)

von

Manfred Döpfner, Gerd Lehmkuhl
und Hans-Christoph Steinhausen

HOGREFE · GÖTTINGEN · BERN · WIEN
TORONTO · SEATTLE · OXFORD · PRAG

Prof. Dr. Manfred Döpfner, geb. 1955. 1974-1981 Studium der Psychologie in Mannheim. 1981-1988 Wissenschaftlicher Mitarbeiter an der Klinik für Kinder- und Jugendpsychiatrie am Zentralinstitut für Seelische Gesundheit Mannheim. 1990 Promotion. 1998 Habilitation. Seit 1989 Leitender Psychologe an der Klinik und Poliklinik für Psychiatrie und Psychotherapie des Kindes- und Jugendalters der Universität zu Köln und dort seit 1999 Professor für Psychotherapie in der Kinder- und Jugendpsychiatrie. Seit 1999 Leiter des Ausbildungsinstitutes für Kinder- und Jugendlichenpsychotherapie AKiP an der Universität Köln. Seit 2000 Wissenschaftlicher Leiter des Instituts Köln der Christoph-Dornier-Stiftung für Klinische Psychologie.

Prof. Dr. med. Dipl.-Psych. Gerd Lehmkuhl, geb. 1948. 1967-1973 Studium der Medizin in Köln und Hamburg. 1973 Promotion. 1975-1980 Studium der Psychologie in Aachen. Arzt für Neurologie und Psychiatrie, Kinder- und Jugendpsychiatrie, Psychotherapie/Psychoanalyse. 1986 Habilitation. Seit 1988 Professor für Kinder- und Jugendpsychiatrie und Direktor der Klinik und Poliklinik für Psychiatrie und Psychotherapie des Kindes- und Jugendalters zu Köln.

Prof. Dr. Dr. Hans-Christoph Steinhausen, geb. 1943. 1964-1973 Studium der Medizin und Psychologie in Erlangen und Hamburg. 1970 Promotion in Medizin. 1975 Promotion in Psychologie. 1970-1976 Medizinalassistentenzeit und Facharztweiterbildung in Hamburg. 1976 Habilitation. 1976-1979 Privatdozent und Assistenzprofessor für Psychiatrie und Neurologie des Kindes- und Jugendalters und 1979-1987 Professor für Psychiatrie und Neurologie des Kindes- und Jugendalters an der Freien Universität Berlin. Seit 1987 Ordinarius für Kinder- und Jugendpsychiatrie, Universität Zürich.

Bibliografische Information Der Deutschen Bibliothek

Die Deutsche Bibliothek verzeichnet diese Publikation in der Deutschen Nationalbibliografie; detaillierte bibliografische Daten sind im Internet über <http://dnb.ddb.de> abrufbar.

© 2006 Hogrefe Verlag GmbH & Co. KG
Göttingen • Bern • Wien • Toronto • Seattle • Oxford • Prag
Rohnsweg 25, 37085 Göttingen

http://www.hogrefe.de
Aktuelle Informationen • Weitere Titel zum Thema • Ergänzende Materialien

Umschlaggrafik: Daniel Kleimenhagen, Hildesheim; Foto: © Corbis
Satz: Grafik-Design Fischer, Weimar
Gesamtherstellung: Hubert & Co, Göttingen
Printed in Germany
Auf säurefreiem Papier gedruckt

ISBN 3-8017-1968-5

Inhaltsverzeichnis

1 Zielsetzung der Reihe
Kinder-Diagnostik-System (KIDS)

Psychische Störungen des Kindes- und Jugendalters werden heute auf der Basis eines empirisch ermittelten Wissensbestandes definiert, klassifiziert und diagnostiziert. Entsprechend haben sich die internationalen Klassifikationssysteme ICD-10 und DSM-IV immer stärker in Richtung auf eine Taxonomie valider klinischer Krankheitseinheiten mit operational definierten Diagnosekriterien entwickelt. Diese verlangen nach einer Vielzahl spezifischer diagnostischer Instrumente zur Abbildung der jeweiligen Symptomatik.

Zugleich wird auch die Praxis der psychotherapeutischen Versorgung zunehmend von der Forderung nach empirisch nachgewiesener Wirksamkeit geprägt. In der Konsequenz sind sowohl international als auch national fachspezifische *Praxisleitlinien* entwickelt worden, die sowohl Aspekte der diagnostischen Abklärung als auch der therapeutischen Versorgung unter den Gesichtspunkten von Qualitätssicherung verpflichtend machen. Fachspezifische Leitlinien für die Diagnostik und Therapie von psychischen Störungen von Kindern und Jugendlichen liegen aus den USA (publiziert im Journal of the American Academy of Child and Adolescent Psychiatry), Europa (publiziert in European Child and Adolescent Psychiatry) und von der Deutschen Gesellschaft für Kinder und Jugendpsychiatrie und Psychotherapie (DGKJPP) vor (Deutsche Gesellschaft für Kinder und Jugendpsychiatrie und Psychotherapie et al., 2000). Auch von Seiten der psychologischen Psychotherapie und der Kinder- und Jugendlichenpsychotherapie werden entsprechende Anstrengungen unternommen (Döpfner & Esser, 2004). In einer Buchreihe – den Leitfäden für Kinder- und Jugendlichenpsychotherapie – werden auf der Basis dieser Leitlinien entsprechende Praxisleitfäden zur Diagnostik und Psychotherapie psychischer Störungen im Kindes- und Jugendalter entwickelt (Döpfner et al., 2000a, b).

Das Kinder-Diagnostik-System (KIDS) ist der *multimodalen Diagnostik* verpflichtet, die sich durch folgende Merkmale auszeichnet (vgl. Döpfner & Lehmkuhl, 1997; Döpfner et al., 2000b):

- *Mehrebenen-Diagnostik:* Die multimodale Diagnostik berücksichtigt mehrere Ebenen psychischer Störungen – die kognitive, emotionale, physiologische und die Handlungsebene. Häufig erscheint eine getrennte Betrachtung dieser Ebenen ange-zeigt, weil die Aussagen auf diesen Ebenen schlecht übereinstimmen.
- *Multimethodale Diagnostik:* Die multimodale Diagnostik wendet zur Erfassung psychischer Störungen verschiedene Methoden an – Verfahren zur Erfassung des klinischen Urteils, des Urteils von Eltern, Erziehern, Lehrern und des Patienten selbst sowie Verhaltensbeobachtungen und Testleistungen. Jedes Verfahren weist spezifische Vor- und Nachteile auf; eine Vielzahl von empirischen Studien zeigt daher auch, dass die Korrelationen zwischen den einzelnen Methoden eher im unteren bis mittleren Bereich liegen und deshalb für eine umfassende Diagnostik verschiedene Methoden und Beurteiler integriert werden müssen.
- *Situationsspezifische Diagnostik:* Die geringen Überschneidungen zwischen verschiedenen Beurteilern weisen auch auf die Situationsabhängigkeit von Verhaltensauffälligkeiten hin. Das Auftreten psychischer Störungen muss daher in verschiedenen Lebensbereichen von Kindern und Jugendlichen – in der Familie, im Unterricht oder in der Gleichaltrigengruppe – erfasst werden.
- *Individualisierte Diagnostik:* Als Bestandteil der multimodalen Verhaltens- und Psychodiagnostik müssen auch die individuellen Ausprägungen psychischer Störungen berücksichtigt werden. Im Rahmen eines solchen Vorgehens kann man die subjektiven Therapieziele durch so genannte Zielerreichungsbögen erfassen; mit diesen Fragebögen kann man auch den Patienten einschätzen lassen, ob und wie gut ein Therapieziel erreicht wurde.
- *Behandlungsbezogene Diagnostik:* Schließlich sollte die multimodale Verhaltens- und Psychodiagnostik auch eine behandlungsbezogene Diagnostik sein, aus der sich konkrete Hinweise für die Therapie und die Erfolgskontrolle ableiten lassen.

Das Kinder-Diagnostik-System (KIDS) hat sich zum Ziel gesetzt, in einzelnen Bänden neben den störungsübergreifenden diagnostischen Verfahren vor allem störungsspezifische diagnostische Methoden zusammenzufassen und zu integrieren. Dabei geht es nicht um eine umfassende Sammlung aller zu einem Störungsbild bislang entwickelten Verfahren, sondern um eine gezielte Auswahl von aufeinander abgestimmten Instrumenten. Folgende Diagnostikverfahren werden unterschieden:

- *Störungsübergreifende Verfahren* (Breitbandverfahren) decken ein breites Spektrum psychischer Auffälligkeiten ab und können das klinische Urteil, das Urteil der Eltern, der Lehrer oder Kindergarten-Erzieherinnen und das Selbsturteil von älteren Kindern und Jugendlichen erheben. Zu diesen Verfahren zählen z. B. das Psychopathologische Befund-System für Kinder und Jugendliche, CASCAP-D (Döpfner et al., 1998) oder der Elternfragebogen über das Verhalten von Kindern und Jugendlichen (CBCL4-8) (Arbeitsgruppe Deutsche Child Behavior Checklist, 1998).

– *Diagnosengenerierende Checklisten und Interviews* sind Verfahren, die das klinische Urteil erfassen und die auf der Grundlage der Klassifikationssysteme von ICD-10 und DSM-IV entwickelt wurden. Sie führen den Anwender direkt zu Diagnosen. Da Diagnosen nur auf der Grundlage klinischer Beurteilungen gebildet werden können, sind hier ausschließlich solche Verfahren möglich. Zu diesen Verfahren zählen die Diagnose-Checklisten aus dem Diagnostik-System für Psychische Störungen im Kindes- und Jugendalter nach ICD-10 und DSM-IV, DISYPS-KJ (Döpfner & Lehmkuhl, 2000).

– *Explorationsschemata und spezifische Beurteilungssysteme* sind ebenfalls störungsspezifische Verfahren und dienen der weiteren differenzierten Erfassung umschriebener Störungen sowie relevanter Informationen, beispielsweise zur Störungsanamnese oder zu assoziierten psychosozialen Bedingungen. Sie sind in der Regel nicht normiert und können unterschiedliche Strukturierungsgrade aufweisen. Hierzu zählen beispielsweise die Yale Global Tourette Severity Scale (YGTSS) zur Erfassung von Tic-Störungen (deutsche Bearbeitung Steinhausen, 2002) oder die Children Yale Brown Obsessive Compulsive Scale (CY-BOCS) zur differenzierten Erhebung von Zwangsstörungen (deutsche Bearbeitung Döpfner, 1999; Steinhausen, 2002).

– *Störungsspezifische Fragebogenverfahren* sollen ein differenziertes Bild einzelner Störungen liefern. Sie können sie eng an die Klassifikationssysteme anlehnen, wie beispielsweise die Fremdbeurteilungsbögen und Selbstbeurteilungsbögen aus dem Diagnostik-System für Psychische Störungen im Kindes- und Jugendalter, DISYPS-KJ (Döpfner & Lehmkuhl, 2000). Sie müssen sich aber nicht auf die Diagnosekriterien beziehen und können in differenzierter Weise einzelne Störungsbilder oder Aspekte dieser Störungsbilder erfassen (z. B. Depressionsinventar für Kinder). Störungsspezifische Verfahren können wie Breitbandverfahren das Elternurteil, das Selbsturteil, das Lehrerurteil oder auch das klinische Urteil erfassen. In diesem Bereich liegt eine Vielzahl von Instrumenten vornehmlich aus dem angloamerikanischen Raum vor, die bisher nur unsystematisch übersetzt, adaptiert und im deutschsprachigen Raum veröffentlicht worden sind.

Darüber hinaus sollen auch neuropsychologische Verfahren und Methoden der Intelligenz- und Leistungsdiagnostik sowie familien- und soziodiagnostische Verfahren in das System eingebunden werden.

Die verschiedenen Verfahren können in unterschiedlicher Weise verknüpft werden. Wenn man den Diagnostik als einen Prozess von allgemeinen zu zunehmend spezifischen Informationen konzipiert, dann wird der in Abbildung 1 dargestellte hierarchische Ablauf sinnvoll sein. Zunächst werden störungsübergreifende Verfahren (Breitbandverfahren) eingesetzt, die psychische Auffälligkeiten durch verschiedene Beurteiler erfassen. Anhand von Kriterien (Auffälligkeiten auf Skalen oder auch einzelnen Items) werden Diagnosen generierende Verfahren vorgeschlagen, die das Störungsbild weiter eingrenzen. Danach können in störungsspezifischen Verfahren einzelne Störungsbilder differenziert erfasst werden und schließlich lassen sich zusätzliche therapierelevante Informationen anhand von Explorationsschemata und Beurteilungsskalen erheben.

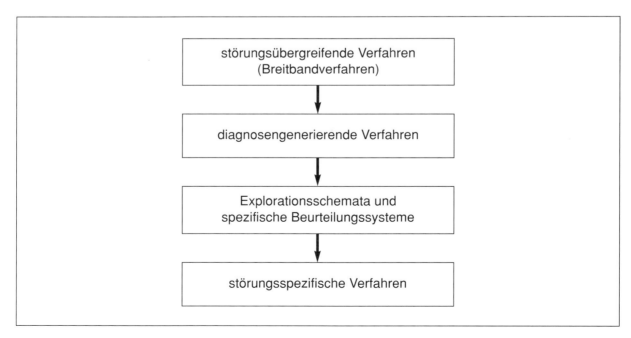

Abbildung 1: Hierarchischer diagnostischer Prozess

Die im Kinder-Diagnostik-System aufgenommenen Verfahren werden hinsichtlich Zielsetzung, Aufbau, Anwendung, Durchführung, Auswertung, Reliabilität und Validität sowie Normen und Grenzwerte kurz beschrieben und auch in der Regel vollständig abgedruckt. Einige Verfahren können als Kopiervorlagen benutzt werden, andere liegen als Einzelverfahren bei oder können getrennt bestellt werden. Bislang sind folgende Bände geplant:

- Aufmerksamkeitsdefizit- und Hyperaktivitätsstörungen
- Aggressiv-dissoziale Störungen
- Breitbandverfahren der Verhaltens- und Psychodiagnostik
- Geistige Behinderung und schwere Entwicklungsstörungen
- Tic-Störungen
- Angststörungen
- Selbstwertprobleme und Depressivität
- Zwangsstörungen

Literatur

Arbeitsgruppe Deutsche Child Behavior Checklist (1998). *Elternfragebogen über das Verhalten von Kindern und Jugendlichen; deutsche Bearbeitung der Child Behavior Checklist (CBCL/4-18). Einführung und Anleitung zur Handauswertung.* 2. Auflage mit deutschen Normen, bearbeitet von M. Döpfner, J. Plück, S. Bölte, K. Lenz, P. Melchers & K. Heim. Köln: Arbeitsgruppe Kinder-, Jugend- und Familiendiagnostik (KJFD).

Deutsche Gesellschaft für Kinder- und Jugendpsychiatrie und Psychotherapie, Berufsverband der Ärzte für Kinder- und Jugendpsychiatrie und Psychotherapie in Deutschland, Bundesarbeitsgemeinschaft der leitenden Klinikärzte für Kinder- und Jugendpsychiatrie und Psychotherapie (2000). *Leitlinien zur Diagnostik und Therapie von psychischen Störungen im Säuglings-, Kindes- und Jugendalter.* Köln: Deutscher Ärzte Verlag.

Döpfner, M. (1999). Zwangsstörungen. In H.-C. Steinhausen & M. von Aster (Hrsg.), *Verhaltenstherapie und Verhaltensmedizin bei Kindern und Jugendlichen* (2. Aufl., S. 271–326). Weinheim: Beltz, Psychologie Verlags Union.

Döpfner, M., Berner, W., Flechtner, H., Lehmkuhl, G. & Steinhausen, H.-C. (1999). *Psychopathologisches Befund-System für Kinder und Jugendliche (CASCAP-D): Befundbogen, Glossar und Explorationsleitfaden.* Göttingen: Hogrefe.

Döpfner, M. & Esser, G. (2004). Leitlinien zur Diagnostik und Psychotherapie – Einführung in den Themenschwerpunkt. *Kindheit und Entwicklung, 13,* 59–63.

Döpfner, M., Frölich, J. & Lehmkuhl, G. (2000a). *Hyperkinetische Störungen.* Göttingen: Hogrefe.

Döpfner, M. & Lehmkuhl, G. (1997). Von der kategorialen zur dimensionalen Diagnostik. *Praxis der Kinderpsychologie und Kinderpsychiatrie, 46,* 519–547.

Döpfner, M. & Lehmkuhl, G. (2000). *Diagnostik-System für Psychische Störungen im Kindes- und Jugendalter nach ICD-10 und DSM-IV (DISYPS-KJ),* (2. korrigierte und ergänzte Auflage). Bern: Huber.

Döpfner, M., Lehmkuhl, G., Heubrock, D. & Petermann, F. (2000b). *Diagnostik psychischer Störungen im Kindes- und Jugendalter.* Göttingen: Hogrefe.

Steinhausen, H.-C. (2002). *Psychische Störungen bei Kindern und Jugendlichen. Lehrbuch der Kinder- und Jugendpsychiatrie* (5., neu bearbeitete Aufl.). München: Urban & Fischer.

2 Diagnostik von Aufmerksamkeitsdefizit- und Hyperaktivitätsstörungen

2.1 Übersicht über die Diagnostik von Aufmerksamkeits-defizit- und Hyperaktivitätsstörungen

Abbildung 2 gibt eine Übersicht über die Diagnostik von Aufmerksamkeitsdefizit-/Hyperaktivitätsstörungen (ADHS). Ausgangspunkte für die Einleitung einer diagnostischen Untersuchung sind Hinweise auf das Vorliegen einer ADHS. Der Untersucher erhält solche Hinweise entweder auf Grund der spontan berichteten Probleme des Patienten oder aus einer systematischen allgemeinen diagnostischen Untersuchung auf psychische Störungen.

In einem ersten Schritt kann der Untersucher ein schnelles **ADHS-Screening** durchführen. Dazu eignet sich der *Screening-Bogen für Aufmerksamkeitsdefizit-/Hyperaktivitätsstörungen (ADHS-Bogen)*, mit dem anhand von wenigen Fragen der Hinweis auf Vorliegen einer ADHS erhärtet werden kann (siehe Kap. 3.1).

Die **Eingangsdiagnostik** stützt sich erstens auf eine ausführliche klinische Exploration des Patienten und vor allem seiner Bezugspersonen und auf eine klinische Beurteilung der so gewonnenen Informationen sowie zweitens auf Fragebogenverfahren, in denen die Beurteilungen von Eltern, Erzieher oder Lehrer und auch die Einschätzung des Patienten selbst (etwa ab dem Alter von 10 Jahren) erhoben werden. Für die klinische Exploration können das halbstrukturierte *Explorationsschema für Hyperkinetische und Oppositionelle Verhaltensstörungen (ES-HOV)* (siehe Kap. 3.2) oder der entsprechende *Elternfragebogen für hyperkinetische und oppositionelle Verhaltensprobleme (EF-HOV)* (siehe Kap. 3.3) herangezogen werden. Alternativ kann das umfangreichere und stärker strukturierte *ADHS-Elterninterview* durchgeführt werden (siehe Kap. 3.7). Die klinische Diagnose erfolgt anhand der *Diagnose-Checkliste für Hyperkinetische Störungen (DCL-HKS)* bzw. für *Aufmerksamkeitsdefizit-/Hyperaktivitätsstörungen (DCL-ADHS)* (siehe Kap. 3.4). Bei den standardisierten Fragebogenverfahren eigenen sich vor allem der *Fremdbeurteilungsbogen für Hyperkinetische Störungen (FBB-HKS)* bzw. für *Aufmerksamkeitsdefizit-/Hyperaktivitätsstörungen (FBB-ADHS)*, der von Eltern und von Lehrern bzw. Erzieher beantwortet werden kann und die Symptome von ADHS entsprechend den Kriterien von ICD-10 und DSM-IV erfasst (siehe Kap. 3.5). Ab dem Alter von 10 Jahren kann auch das Urteil des Patienten selbst anhand des *Selbstbeurteilungsbogens für Hyperkinetische Störungen (SBB-HKS)* bzw. für *Aufmerksamkeitsdefizit-/Hyperaktivitätsstörungen (SBB-ADHS)* erhoben werden (siehe Kap. 3.6).

Wie Abbildung 2 zeigt, müssen in der Regel *ergänzende Verfahren* zur differenzialdiagnostischen Abgrenzung oder zur Diagnostik komorbider Störungen durchgeführt werden (siehe Kap. 2.2). Dabei können auch Verfahren zur neuropsychologischen Diagnostik von Aufmerksamkeitsstörungen, Impulsivität oder von Störungen exekutiver Funktionen sowie Methoden der Intelligenz- und Leistungsdiagnostik durchgeführt werden. Verfahren zur Familiendiagnostik ermöglichen eine Einschätzung familiärer Beziehungsmuster. Eine basale organische Abklärung ist in der Regel notwendig sowohl zur Diagnostik als auch zum Ausschluss organischer Ursachen sowie begleitender organischer Auffälligkeiten.

Die Eingangsdiagnostik sowie weitere ergänzende Verfahren ermöglichen die Diagnose einer ADHS. In Abhängigkeit von den geplanten therapeutischen Schritten sind dann meist weitere diagnostische Verfahren indiziert.

Zur Durchführung von **Psychoedukation, Beratung und Verhaltenstherapie** sind das *Elterninterview über Problemsituationen in der Familie (EI-PF)* (siehe Kap. 5.1) mit dem dazu parallelen *Elternfragebogen über Problemsituationen in der Familie (EF-PF)* (siehe Kap. 5.2) hilfreich, weil diese Instrumente differenziertere Informationen über spezifische Probleme in umschriebenen familiären Situationen liefern. Der *Fragebogen über Verhaltensprobleme bei den Hausaufgaben (FVH)* beschreibt die in Hausaufgabensituationen auftretenden spezifischen Verhaltensproblemen (siehe Kap. 5.3). Zur differenzierten Beurteilung des Verhaltens im Unterricht kann der *Fragebogen zur Verhaltensbeurteilung im Unterricht (FVU)* herangezogen werden (siehe Kap. 5.4).

Der weitergehenden **Diagnostik für eine medikamentöse Therapie** dienen die halbstrukturierte Checkliste zur organischen Abklärung und medikamentösen Therapie von Aufmerksamkeitsdefizit-/Hyperaktivitätsstörungen (CM-ADHS) (siehe Kap. 6.1) sowie der *Fragebogen über mögliche Nebenwirkungen von Medikamenten (NW-ADHS)* (siehe Kap. 6.2) und der *Beurteilungsbogen zur Austestung medikamentöser Therapie bei ADHS (BM-ADHS)* (siehe Kap. 6.3). Die beiden *ADHS-Tagesprofilbögen für Eltern (ADHS-TAP-Eltern)* und für Lehrer *(ADHS-TAP-Lehrer)* können ebenfalls bei der medikamentösen Austestung und Dosisanpassung eingesetzt werden und sind besonders hilfreich bei der Überprüfung der Wirkdauer medikamentöser Therapie.

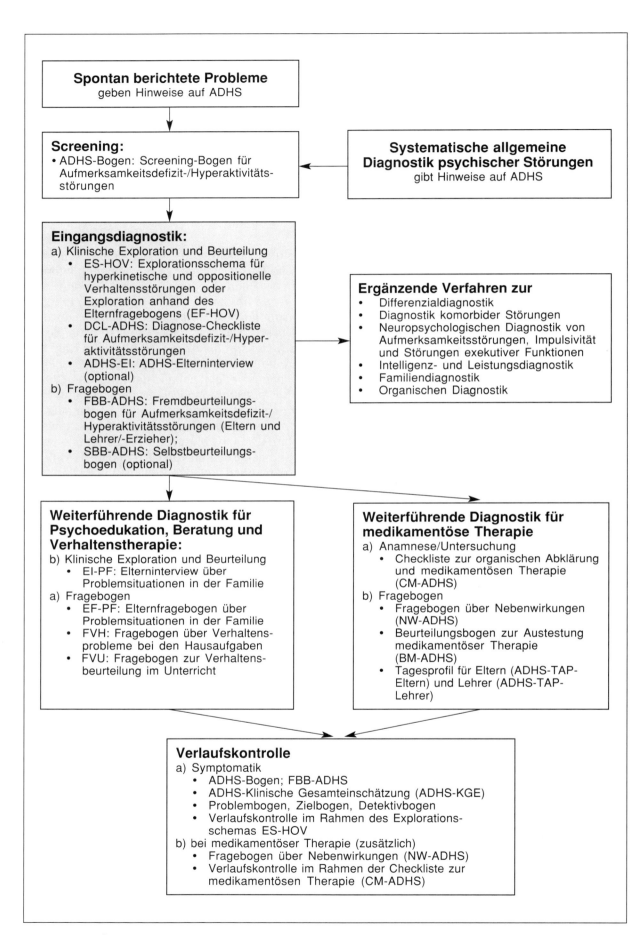

Spontan berichtete Probleme
geben Hinweise auf ADHS

Screening:
• ADHS-Bogen: Screening-Bogen für
Aufmerksamkeitsdefizit-/Hyperaktivitäts-
störungen

**Systematische allgemeine
Diagnostik psychischer Störungen**
gibt Hinweise auf ADHS

Eingangsdiagnostik:
a) Klinische Exploration und Beurteilung
• ES-HOV: Explorationsschema für
hyperkinetische und oppositionelle
Verhaltensstörungen oder
Exploration anhand des
Elternfragebogens (EF-HOV)
• DCL-ADHS: Diagnose-Checkliste
für Aufmerksamkeitsdefizit-/Hyper-
aktivitätsstörungen
• ADHS-EI: ADHS-Elterninterview
(optional)
b) Fragebogen
• FBB-ADHS: Fremdbeurteilungs-
bogen für Aufmerksamkeitsdefizit-/
Hyperaktivitätsstörungen (Eltern und
Lehrer/-Erzieher);
• SBB-ADHS: Selbstbeurteilungs-
bogen (optional)

Ergänzende Verfahren zur
• Differenzialdiagnostik
• Diagnostik komorbider Störungen
• Neuropsychologischen Diagnostik von
Aufmerksamkeitsstörungen, Impulsivität
und Störungen exekutiver Funktionen
• Intelligenz- und Leistungsdiagnostik
• Familiendiagnostik
• Organischen Diagnostik

**Weiterführende Diagnostik für
Psychoedukation, Beratung und
Verhaltenstherapie:**
b) Klinische Exploration und Beurteilung
• EI-PF: Elterninterview über
Problemsituationen in der Familie
a) Fragebogen
• EF-PF: Elternfragebogen über
Problemsituationen in der Familie
• FVH: Fragebogen über Verhaltens-
probleme bei den Hausaufgaben
• FVU: Fragebogen zur Verhaltens-
beurteilung im Unterricht

**Weiterführende Diagnostik für
medikamentöse Therapie**
a) Anamnese/Untersuchung
• Checkliste zur organischen Abklärung
und medikamentösen Therapie
(CM-ADHS)
b) Fragebogen
• Fragebogen über Nebenwirkungen
(NW-ADHS)
• Beurteilungsbogen zur Austestung
medikamentöser Therapie
(BM-ADHS)
• Tagesprofil für Eltern (ADHS-TAP-
Eltern) und Lehrer (ADHS-TAP-
Lehrer)

Verlaufskontrolle
a) Symptomatik
• ADHS-Bogen; FBB-ADHS
• ADHS-Klinische Gesamteinschätzung (ADHS-KGE)
• Problembogen, Zielbogen, Detektivbogen
• Verlaufskontrolle im Rahmen des Explorations-
schemas ES-HOV
b) bei medikamentöser Therapie (zusätzlich)
• Fragebogen über Nebenwirkungen (NW-ADHS)
• Verlaufskontrolle im Rahmen der Checkliste zur
medikamentösen Therapie (CM-ADHS)

Abbildung 2: Übersicht über die Diagnostik von Aufmerksamkeitsdefizit-/Hyperaktivitätsstörungen

In Abbildung 2 sind keine *Verfahren für spezifische Altersgruppen* aufgeführt, die jedoch ebenfalls in diesem Band enthalten sind. Für Vorschulkinder liegt der *Fremdbeurteilungsbogen für Vorschulkinder mit Aufmerksamkeitsdefizit-/Hyperaktivitätsstörungen (FBB-ADHS-V)* vor (siehe Kap. 4.1), in dem die Diagnosekriterien nach ICD-10 bzw. DSM-IV für Vorschulkinder adaptiert erhoben werden. Da Aufmerksamkeitsdefizit-/Hyperaktivitätsstörungen bei Erwachsenen zunehmend in den Fokus des Interesses rücken, sind in diesem Band auch Verfahren zur Erfassung der Symptomatik im Erwachsenenalter aufgenommen worden. Die Diagnose einer ADHS im Erwachsenenalter setzt voraus, dass die Problematik bereits im Kindesalter aufgetreten ist und auch aktuell die Diagnosekriterien erfüllt sind. Dabei ist es hilfreich, nicht nur das Selbsturteil des Patienten, sondern auch die Fremdeinschätzung von Bezugspersonen zu erfragen. Dies wird in vier Fragebogenverfahren erfasst, welche die aktuellen und die früheren (im Kindesalter aufgetretenen) Probleme in der Selbsteinschätzung *(FEA-ASB, FEA-FSB)*; siehe Kap. 4.2 und 4.3) und in der Fremdeinschätzung (*FEA-AFB, FEA-FFB*; siehe Kap. 4.4 und 4.5) erheben. Ein weiteres Verfahren zur Erfassung von ADHS-Symptomatik ist die *Selbstbeurteilungs-Skala zur Diagnostik der Aufmerksamkeitsdefizit-/Hyperaktivitätsstörung im Erwachsenenalter* (*ADHS-SB*; siehe Kap. 4.6), die dem *FEA-ASB* sehr ähnlich ist und ebenfalls die Symptomkriterien von ADHS erhebt.

Zur *Verlaufskontrolle* der Symptomatik während der Behandlung können verschiedene Verfahren der Eingangsdiagnostik eingesetzt werden, z. B. der *ADHS-Bogen* (siehe Kap. 3.1) oder auch der *Fremdbeurteilungsbogen für Aufmerksamkeitsdefizit-/Hyperaktivitätsstörungen (FBB-ADHS)* (siehe Kap. 3.5). Spezifische Verfahren zur Verlaufskontrolle, die auch eine Überprüfung der Veränderung individueller Probleme zulässt, sind die ADHS-Klinische Gesamteinschätzung (ADHS-KGE) (siehe Kap. 7.1), der Problembogen (siehe Kap. 7.2), der Zielbogen und für Kinder der Detektivbogen (siehe Kap. 7.3). Eine Verlaufskontrolle ist auch im entsprechenden Bereich des Explorationsschemas ES-HOV möglich (siehe Kap. 3.2).

Bei medikamentöser Therapie können zusätzlich der *Fragebogen über mögliche Nebenwirkungen von Medikamenten (NW-ADHS)* (siehe Kap. 6.2) und der Bereich „Verlaufskontrolle" in der *Checkliste zur medikamentösen Therapie (CM-ADHS)* Anwendung finden (siehe Kap. 6.1).

2.2 Systematische allgemeine und ergänzende Diagnostik

Eine systematische allgemeine Diagnostik psychischer Störungen sowie eine ergänzende Diagnostik anderer spezifischer Auffälligkeiten ist bei Kindern und Jugendlichen mit Hinweisen auf ADHS deshalb meist notwendig, weil einerseits eine differenzialdiagnostische Abgrenzung zu anderen psychischen Störungen indiziert ist und andererseits die Mehrzahl der Kinder mit gesicherter ADHS zusätzlich komorbide Störungen aufweisen, vor allem oppositionell-aggressive Störungen des Sozialverhaltens, Entwicklungs- und Lernstörungen, emotionale Störungen sowie Tic-Störungen. Differenzialdiagnostische Entscheidungsbäume können bei der Abgrenzung zu anderen Störungen hilfreich sein, insbesondere sind folgende Differenzialdiagnosen zu beachten (vgl. Döpfner et al., 2000):

- **Altersgemäße Verhaltensweisen bei aktiven Kindern:** Vor allem bei jüngeren Kindern sind die Grenzen zwischen einem noch altersgemäßem Bewegungsdrang und hyperaktivem Verhalten oder leichten Konzentrationsproblemen und Aufmerksamkeitsstörungen oft nur schwer zu ziehen. In zunehmendem Maße wird jedoch akzeptiert, dass ADHS keine diskrete, gut von der Normvariation abgrenzbare diagnostische Einheit darstellt, sondern dass eine dimensionale Betrachtung eher angemessen ist.
- **Durch Medikamente oder durch neurologische Störungen bedingte ADHS-Symptomatik:** ADHS-Symptome können durch Medikamente (z. B. Antikonvulsiva) oder auch durch eindeutige neurologische Erkrankungen (z. B. Schädel-Hirn-Trauma) ausgelöst werden.
- **ADHS-Symptome bei Intelligenzminderung:** Vor allem Symptome der Aufmerksamkeitsschwäche, aber auch erhöhte Unruhe und Impulsivität treten bei Kindern mit Intelligenzminderung üblicherweise auf. Dennoch kann auch bei lernbehinderten Kindern eine ADHS diagnostiziert werden. Die Symptome müssen in diesen Fällen jedoch deutlich stärker ausgeprägt sein als bei Kindern gleicher Intelligenz.
- **ADHS-Symptome bei schulischer Überforderung:** Kinder, die schulisch überfordert sind, können im Unterricht als leicht ablenkbar, konzentrationsschwach und unruhig imponieren. Deshalb ist eine Intelligenzdiagnostik bei hyperkinetisch wirkenden Kindern mit Schulleistungsschwächen unabdingbar. Schulleistungsschwächen können aber auch als komorbide Störungen auftreten.

- **ADHS-Symptome bei schulischer Unterforderung:** Bei weit überdurchschnittlich begabten Schülern, die schulisch unterfordert sind, können Symptome einer ADHS auftreten. Bei Steigerung der schulischen Anforderungen verschwinden diese Symptome jedoch rasch.
- **ADHS-Symptome als Folge chaotischer psychosozialer Bedingungen:** In extrem desorganisierten Familien können Kinder hyperkinetische Symptome entwickeln. Sie zeigen diese Symptomatik jedoch nicht, wenn sie sich in strukturierten Umgebungen aufhalten.
- **Oppositionelle Verhaltensweisen:** Kinder mit oppositionellen Verhaltensauffälligkeiten können gegen Arbeiten oder schulische Aufgaben Widerstand leisten, die Anstrengung und Aufmerksamkeit verlangen, da sie nicht gewillt sind, sich den Forderungen anderer anzupassen. Oppositionelle Verhaltensweisen treten aber bei Kindern mit hyperkinetischen Störungen häufig auch als komorbide Störung auf.
- **Psychomotorische Erregung und Konzentrationsstörungen bei affektiven Störungen und Angststörungen:** Diese Symptome lassen sich manchmal nur schwer von der Hyperaktivität und den Aufmerksamkeitsstörungen einer hyperkinetischen Störung unterscheiden. Ein Unterscheidungsmerkmal kann der Verlauf sein: Die ADHS hat einen kontinuierlichen Verlauf mit Beginn im Vorschulalter, affektive Störungen und Angststörungen treten meist später auf und verlaufen üblicherweise weniger kontinuierlich. Bei Angststörungen treten die Symptome in der Regel ausschließlich in den ängstigenden Situationen (z. B. bei Klassenarbeiten) auf.
- **Autismus, Schizophrenie und Manie.** Bei autistischen Störungen sind im Kindesalter häufig auch hyperkinetische Symptome zu beobachten. Schizophrene Störungen und Manie treten fast ausschließlich im Jugendalter auf und gehen häufig auch mit Symptomen von Unruhe und Antriebssteigerung sowie Impulsivität und Aufmerksamkeitsstörungen einher. Werden diese Störungen diagnostiziert, die durch andere charakteristische Symptome gekennzeichnet sind, dann entfällt die Diagnose einer ADHS.

Sowohl die hohe Komorbidität von ADHS als auch die differenzialdiagnostischen Abgrenzungen lassen den Einsatz von störungsübergreifenden diagnostischen Instrumenten für sehr sinnvoll erscheinen. Im Leitfaden zur Diagnostik psychischer Störungen (Döpfner et al., 2000b) werden diese Verfahren ausführlich beschrieben und in dem sich in Vorbereitung befindlichen Band des Kinder-Diagnostik-Systems zu Breitbandverfahren der Verhaltens- und Psychodiagnostik (Döpfner et al., in Vorber.) werden diese Verfahren zusammengestellt. Zur klinischen Exploration und Beurteilung kann das *Explorationsschema für Psychische Störungen im Kindes und Jugendalter (EPSKI)* (Döpfner et al., 2000b) sowie das *Psychopathologische Befund-System (CASCAP-D)* (Döpfner et al., 1999) Anwendung finden. In Tabelle 1 sind wichtige Fragebogenverfahren zur Erfassung eines breiten Spektrums psychischer Auffälligkeiten zusammengefasst.

Neben dem *Verhaltensbeurteilungsbogen für Vorschulkinder (VBV)*, der als Elternfragebogen und als Erzieherfragebogen vorliegt (Döpfner et al., 1993), hat sich besonders das von Achenbach entwickelte und von der Arbeitsgruppe Deutsche Child Behavior Checklist (1993, 1998a, b, c, d, 2000a, b) ins Deutsche übertragene und überwiegend auch schon normierte Fragebogensystem als sehr hilfreich erwiesen. Kern dieses Fragebogensystems ist der *Elternfragebogen über das Verhalten von Kindern und Jugendlichen, CBCL/4-18)*, (Arbeitsgruppe Deutsche Child Behavior Checklist (1998a). Parallel dazu wurde der *Lehrerfragebogen über das Verhalten von Kindern und Jugendlichen, TRF*, (Arbeitsgruppe Deutsche Child Behavior Checklist (1993) sowie für Kinder und Jugendliche ab dem Alter von elf Jahren der *Fragebogen für Jugendliche, YSR*, (Arbeitsgruppe Deutsche Child Behavior Checklist (1998b) entwickelt.

Diese Verfahren decken ein breites Spektrum an psychischen Störungen ab, die in den acht Problem-Skalen (Sozialer Rückzug, Körperliche Beschwerden, Ängstlich/Depressiv, Dissoziales Verhalten, Aggressives Verhalten, Soziale Probleme, Schizoid/Zwanghaft, Aufmerksamkeitsprobleme) abgebildet werden. Daneben werden auch soziale Kompetenzen erfasst. Für Kinder im Vorschulalter liegen entsprechend adaptierte Verfahren für das Elternurteil und für das Erzieherurteil vor. Der *Strengths and Difficulties Questionnaire (SDQ)* (Woerner et al., 2002; Steinhausen, 2002) ist ein weiteres Breitbandverfahren; dieser Fragebogen hat wesentlich weniger Items als die CBCL und kann daher gut als Screening eingesetzt werden kann.

Tabelle 1: Fragebogenverfahren zur Erfassung eines breiten Spektrums psychischer Auffälligkeiten.

Name	Autoren	Alter	Urteils-art	Skalen	Zusätzliche Informationen
VBV-EL Verhaltensbeur-teilungsbogen für Vorschulkinder – Elternfragebogen	Döpfner et al. (1993)	3–6	Eltern-urteil	– Sozial-emotionale Kompetenzen – Oppositionell-aggressives Verhalten – Aufmerksamkeits-defizite und Hyperaktivität vs. Spielausdauer – Emotionale Auffäl-ligkeiten	– 53 Items, zusätzlich Symptomliste mit um-schriebenen Auffälligkei-ten, Gesamtauffällig-keitswert – Zusätzlich Kurzform (Berner et al., 1992) und 2. Auflage (2001)
VBV-ER Verhaltensbeur-teilungsbogen für Vorschulkinder – Erzieherfrage-bogen	Döpfner et al. (1993)	3–6	Erzieher-urteil	siehe VBV-EL	– 93 Items, zusätzlich Symptomliste mit umschriebenen Auffällig-keiten, Gesamtauffällig-keitswert – Zusätzlich Kurzform (Berner et al., 1992)
CBCL 1½-5 Elternfragebogen für Klein- und Vorschulkinder	Arbeitsgruppe Deutsche Child Behavior Checklist (2000a)	1½–5	Eltern-urteil	– Sozialer Rückzug – Körperliche Beschwerden; – Ängstlich/Depres-siv – Destruktives Verhalten – Aggressives Verhalten – Schlafprobleme	– Deutsche Fassung der CBCL 1½-5 – 99 Problem-Items – Übergeordnete Skalen: (1) Externalisierende, (2) Internalisierende Auffälligkeiten, (3) Gesamtauffälligkeit – noch keine deutsche Normierung
CTRF 1½-5 Fragebogen für ErzieherInnen von Klein- und Vorschulkindern	Arbeitsgruppe Deutsche Child Behavior Checklist (2000b)	1½–5	Erzieher-urteil	siehe CBCL 1½-5	– Deutsche Fassung der C-TRF 1½-5 – 99 Problem-Items – Übergeordnete Skalen: (1) Externalisierende, (2) Internalisierende Auffälligkeiten, (3) Gesamtauffälligkeit – noch keine deutsche Normierung
CBCL/4-18 Elternfragebogen über das Verhal-ten von Kindern und Jugend-lichen	Arbeitsgruppe Deutsche Child Behavior Checklist (1998a)	4–18	Eltern-urteil	– 3 Kompetenz-Ska-len (Aktivitäten, Soziale Kompe-tenzen, Schuli-sche Leistungen) – 8 Problem-Skalen (Sozialer Rück-zug, Körperliche Beschwerden, Ängstlich/Depres-siv, Dissoziales Verhalten, Aggres-sives Verhalten, Soziale Probleme, Schizoid/Zwang-haft, Aufmerksam-keitsprobleme)	– Deutsche Fassung der CBCL – Kompetenz-Items und 120 Problem-Items – Übergeordnete Skalen siehe CBCL 1½-5 – deutsche Normierung; deutsch-schweizer Normierung (Steinhau-sen et al., 1996)

Tabelle 1: Fortsetzung.

Name	Autoren	Alter	Urteils-art	Skalen	Zusätzliche Informationen
TRF Lehrerfrage-bogen über das Verhalten von Kindern und Jugendlichen	Arbeitsgruppe Deutsche Child Beha-vior Checklist (1993)	6–18	Lehrer-urteil	– Keine Kompetenz-Skalen – 8 Problem-Skalen wie CBCL	– Deutsche Fassung der Teacher's Report Form der Child Behavior Checklist – Itemzahl und über-geordnete Skalen siehe CBCL 1¹/₂-5 – noch keine deutsche Normierung
YSR Fragebogen für Jugendliche	Arbeitsgruppe Deutsche Child Beha-vior Checklist (1998b)	11–18	Selbst-urteil	– 2 Kompetenz-Ska-len (Aktivitäten, Soziale Kompe-tenzen) – 8 Problem-Skalen wie CBCL	– Deutsche Fassung des Youth Self-Report der Child Behavior Checklist – Itemzahl und über-geordnete Skalen siehe CBCL 1¹/₂-5 – deutsche Normierung, deutsch-schweizer Normierung (Steinhau-sen et al., 1999)
SDQ-Eltern Strengths and Difficulties Questionnaire	– Steinhau-sen (2002) – Woerner et al. (2002)	4–16	Eltern-urteil	– Problemskalen: emotionale Pro-bleme, externali-sierende Verhal-tensauffälligkeiten, Hyperaktivität/Un-aufmerksamkeit, Probleme mit Gleichaltrigen, – Kompetenzskala: Prosoziales Ver-halten	– Deutsche Fassung des Strenghts and Difficulties Questionnaire (SDQ) – deutsche Normwerte für den SDQ können von der Homepage der Kin-der- und Jugendpsychia-trie, Universität Göttin-gen heruntergeladen werden: http://www.user.gwdg.de/ ~ukyk/verweise.html
SDQ-Lehrer	– Steinhau-sen (2002) – Woerner et al. (2002)	4–16	Lehrer-urteil	siehe SDQ-Eltern	siehe SDQ-Eltern
SDQ-Selbst	– Steinhau-sen (2002) – Woerner et al. (2002)	11–16	Selbst-urteil	siehe SDQ-Eltern	siehe SDQ-Eltern

Ergibt die allgemeine systematische Exploration, beispielsweise mithilfe eines Explorationsschemas oder eines störungsübergreifenden Fragebogens, Hinweise auf weitere psychische Störungen, dann können weiterer Verfahren zur Störung spezifischen Diagnostik sinnvoll sein. Tabelle 2 gibt eine Übersicht über einige dieser spezifischen Verfahren.

Verfahren zur **neuropsychologischen Diagnostik** von Aufmerksamkeitsstörungen, Impulsivität oder von Störungen exekutiver Funktionen können ergänzend hilfreich sein, sind jedoch für die Diagnose einer ADHS nicht von zentraler Bedeutung. Es gibt kein testpsychologisches Verfahren, mit dem eine ADHS definitiv festgestellt werden kann. Die Diagnose einer ADHS ist eine klinische Diagnose. Neuropsycho-logische Tests der Aufmerksamkeit, Impulsivität und exekutiver Funktionen können bei der Erfassung umschriebener Defizite hilfreich sein, sie sind aber nicht so wichtig, dass sie routinemäßig bei der

Tabelle 2: Auswahl an Fragebogenverfahren zur Erfassung psychischer Auffälligkeiten für die störungsspezifische Verhaltens- und Psychodiagnostik).

Name	Autoren	Störung	Alter	Urteilsart	Skalen/ Aussagebereich	Zusätzliche Informationen
AFS Angstfragebogen für Schüler	Wieczerkowski et al. (1981)	Angst	9–17	Selbsturteil	– Prüfungsangst – Manifeste Angst – Schulunlust	Zusätzlich Einschätzskalen für Lehrer
FBB-ANG/SBB-ANG Fremdbeurteilungs-/Selbstbeurteilungsbogen – Angststörungen	Döpfner & Lehmkuhl (2000)	Angst	4–18 11–18	Selbsturteil Fremdurteil	– Trennungsangst – Generalisierte Angst – Soziale Angst – Spezifische Phobie	Bestandteil vom DISYPS-KJ, wird ergänzt durch klinisches Urteil in Diagnose-Checkliste (DCL-ANG)
DAI Differentielles Leistungsangst-Inventar	Rost & Schermer (1997)	Angst	8.–13. Klasse	Selbsturteil	12 Skalen erfassen Angst, auslösende und nachfolgende Bedingungen und Bewältigungsstrategien	
ADS Allgemeines Depressionsinventar	Hautzinger et al. (1993)	Depression		Selbsturteil	Gesamtwert	Deutsch-schweizer Normen (Steinhausen & Winkler-Metzke, 2000)
BDI Beck-Depressions-Inventar	Hautzinger et al. (1994)	Depression	ab 16	Selbsturteil	Gesamtwert	
DIKJ Depressionsinventar für Kinder und Jugendliche	Stiensmeier-Pelster et al. (1989)	Depression	8–17	Selbsturteil	Gesamtwert	Deutsche Adaptation des Children's Depression Inventory (Kovacs, 1985)
DTK Depressionstest für Kinder	Rossmann (1993)	Depression	9–14	Selbsturteil	– Dysphorische Stimmung/Selbstwertprobleme – Agitiertes Verhalten – Müdigkeit/ Andere Psychosomat. Aspekte	
FBB-DES/SBB-DES Fremdbeurteilungs-/Selbstbeurteilungsbogen – Depressive Störungen	Döpfner & Lehmkuhl (2000)	Depression	4–18 11–18	Selbsturteil Fremdurteil	– Depressive Symptome – Somatisches Syndrom – Dysthymia – ICD-10 – Dysthyme Störung – DSM	Bestandteil vom DISYPS-KJ, wird ergänzt durch klinisches Urteil in Diagnose-Checkliste (DCL-DEP)
FBB-SSV/SBB-SSV Fremdbeurteilungs-/Selbstbeurteilungsbogen – Störung des Sozialverhaltens	Döpfner & Lehmkuhl (2000)	Aggression	4–18 11–18	Selbsturteil Fremdurteil	– Oppositionell-aggressives Verhalten – Dissozial-aggressives Verhalten	Bestandteil vom DISYPS-KJ, wird ergänzt durch klinisches Urteil in Diagnose-Checkliste (DCL-SSV)

Diagnose der Störung eingesetzt werden müssten (American Academy of Child and Adolescent Psychiatry, 1997). In der klinischen Einzelfalldiagnostik haben sie einen begrenzten Nutzen, weil Kinder mit auffälligen Werten in diesem Verfahren zwar häufig auch per Fragebogen oder Interview als auffällig eingeschätzt werden; umgekehrt werden aber viele Kinder per Test fälschlicherweise als unauffällig eingeschätzt, die in der Schule oder Familie als auffällig beurteilt werden (Barkley, 1991; Trommer et al., 1988; Gordon & Barkley, 1998). Diese Trefferquote wird zwar durch die Kombination verschiedener neuropsychologischer Tests verbessert, sie bleibt aber weiterhin begrenzt (Doyle et al., 2000).

Im deutschen Sprachraum konnten Földenyi und Mitarbeiter (2000) unter Anwendung von Subtests aus der Testbatterie zur Aufmerksamkeitsprüfung TAP (Zimmermann & Fimm, 1993) ebenfalls deutliche Unterschiede zwischen Kindern mit und ohne ADHS nachweisen und eine Klassifikationsgenauigkeit von 90 % erreichen, die für eine klinische Diagnostik im Einzelfall nicht ausreichend ist. Gute Testleistungen in neuropsychologischen Verfahren zur Aufmerksamkeit oder Impulsivität schließen die Diagnose einer ADHS nicht aus.

Computerbasierte Tests der Aufmerksamkeit (z. B. Continuous Performance Tests, CPT) sind daher im Allgemeinen bei der Diagnosefindung nicht nützlich, da sie eine geringe Spezifität und Sensitivität haben (Lovejoy & Rasmussen, 1990; Trommer et al., 1988; American Academy of Child and Adolescent Psychiatry, 1997). Wenn diese Verfahren auch nicht zur Verifikation einer Diagnose tauglich sind, so können sie doch wertvolle Informationen über Aufmerksamkeitsstörungen, exekutive Funktionen und andere neuropsychologische Leistungen geben.

Testpsychologische Untersuchungen sind zur **Überprüfung der Intelligenz, von Entwicklungsstörungen oder schulischen Leistungsdefiziten** indiziert. Eine zumindest orientierende Intelligenz-, Leistungs- und Entwicklungsdiagnostik ist bei Kindern mit ADHS aus drei Gründen unverzichtbar (Döpfner et al., 2000a):

1. weil die Symptomatik erstens auch einen Hinweis auf eine schulische Überforderung darstellen kann (generelle Überforderung, Überforderung in Teilbereichen auf Grund von Teilleistungsschwächen);
2. weil ADHS gehäuft mit Leistungs- und Entwicklungsdefiziten einhergeht
3. weil die Verhaltensbeobachtung während der Leistungsdiagnostik Hinweise auf den Generalisierungsgrad der ADHS-Symptomatik liefert.

Eine differenzierte Intelligenz-, Entwicklungs- und Leistungsdiagnostik ist vor allem dann indiziert, wenn Hinweise auf Intelligenzminderungen, Entwicklungsdefizite oder schulische Leistungsprobleme vorliegen. Im Vorschulalter sollte eine differenzierte Entwicklungsdiagnostik prinzipiell durchgeführt werden, da anamnestische Hinweise zum Entwicklungsstand des Kindes häufig wenig valide sind. Die wichtigsten Verfahren zur Intelligenz-, Entwicklungs- und Leistungsdiagnostik werden im Leitfaden Diagnostik psychischer Störungen (Döpfner et al., 2000b) vorgestellt.

Verfahren zur **Familiendiagnostik** ermöglichen eine Einschätzung familiärer Beziehungsmuster; sie sind ausführlicher im Leitfaden zur Diagnostik psychischer Störungen (Döpfner et al., 2000b) beschrieben. Familiendiagnostische Fragebogenverfahren für Eltern und für ältere Kinder und Jugendliche können Erziehungsstile und Erziehungsverhalten der Eltern, familiäre Beziehungen und das Familiensystem als ganzes aus den verschiedenen Perspektiven der Familienmitglieder beleuchten. Familienskulpturverfahren können Beziehungsaspekte in der Familie im Rahmen der Exploration der Familie verdeutlichen, eine quantitative Auswertung ist meist nicht möglich. Fragebogenverfahren zur Erfassung von Paarbeziehungen können indiziert sein, wenn sich aus der Exploration Hinweise auf Probleme in der Paarbeziehung ergeben und Zusammenhänge mit der psychischen Problematik des Kindes vermutet werden. Verfahren zur Erfassung psychischer Störungen bei Familienmitgliedern (Eltern oder anderen Kindern in der Familie) können indiziert sein, wenn sich aus der Exploration Hinweise auf psychische Störungen bei Familienmitgliedern ergeben und Zusammenhänge mit der psychischen Problematik des Kindes vermutet werden.

Die von Cierpka und Frevert (1994) publizierten *Familienbögen* dienen der Erfassung von Stärken und Problemen in Familien. Aus der subjektiven Sicht der Familienmitglieder werden die Familie als Ganzes, einzelne Zweierbeziehungen und die eigene Stellung in der Familie erfasst. Der *Family Relations Test* (*Kinder-Version*; Bene & Anthony, 1957) stellt zwar schon ein relativ altes Verfahren dar, gibt jedoch häufig wertvolle Hinweise auf die Verteilung positiver und negativer Beziehungen der einzelnen Familienmitglieder untereinander aus der Perspektive des Kindes. Für dieses Verfahren liegt eine grobe deutsche Normierung und eine Übersetzung der Items vor (Flämig & Wörner, 1977a, b). In der klinischen Praxis hat sich der *Family-Relations-Test* gut bewährt, weil er ein ausgesprochen kindgemäßes Verfahren darstellt. Es liegt eine Fassung für jüngere Kinder (im Alter von fünf bis sechs Jahren) und für ältere

Kinder vor. Vor allem die Fassung für ältere Kinder erweist sich für die klinische Praxis als sehr geeignet. Das Kind stellt sich seine Familie aus einer Reihe von Karten mit Personen zusammen und weist diesen Personen kleine Karten zu, auf denen positive oder negative Gefühle beschrieben sind, die von dieser Person empfangen werden oder auf sie gerichtet sind.

Organische Diagnostik. Eine orientierende internistische und neurologische Untersuchung sowie der Kontakt zum Haus- oder Kinderarzt sollen Hinweise auf zu Grunde liegende oder begleitende körperliche Erkrankungen geben und können zu weiterführenden körperlichen Untersuchungen Anlass geben (z. B. EEG, bildgebende Verfahren). Spezifische körperliche Untersuchungsmerkmale für das Vorliegen einer ADHS existieren jedoch nicht. Dennoch kommt der Erhebung eines neurologischen und internistischen Status eine spezielle Bedeutung zu, um Hinweise auf das Vorliegen einer organischen Erkrankung zu erhalten, die ebenfalls ADHS auslösen kann (z. B. Schlafapnoe). Zum anderen kann ADHS mit komorbiden neurologischen (z. B. Anfallsleiden, statomotorische Entwicklungsdefizite) oder internistischen (Neurodermitis, Asthma) Erkrankungen einhergehen, die ihrerseits oder durch die zum Einsatz kommenden Medikamente zu einer Symptomverstärkung führen können (vgl. Döpfner et al., 2000a).

Literatur

American Academy of Child and Adolescent Psychiatry (1997). Practice parameters for the assessment and treatment of children, adolescents and adults with attention-deficit/hyperactivity disorder. *Journal of the American Academy of Child and Adolescent Psychiatry 36*, 85S–121S.

Arbeitsgruppe Deutsche Child Behavior Checklist (1993). *Lehrerfragebogen über das Verhalten von Kindern und Jugendlichen;* deutsche Bearbeitung der Teacher's Report Form der Child Behavior Checklist (TRF). Einführung und Anleitung zur Handauswertung, bearbeitet von M. Döpfner & P. Melchers. Köln: Arbeitsgruppe Kinder-, Jugend- und Familiendiagnostik (KJFD).

Arbeitsgruppe Deutsche Child Behavior Checklist (1998a). *Elternfragebogen über das Verhalten von Kindern und Jugendlichen;* deutsche Bearbeitung der Child Behavior Checklist (CBCL/4-18). Einführung und Anleitung zur Handauswertung. 2. Auflage mit deutschen Normen, bearbeitet von M. Döpfner, J. Plück, S. Bölte, K. Lenz, P. Melchers & K. Heim. Köln: Arbeitsgruppe Kinder-, Jugend- und Familiendiagnostik (KJFD).

Arbeitsgruppe Deutsche Child Behavior Checklist (1998b). *Fragebogen für Jugendliche;* deutsche Bearbeitung der Youth Self-Report Form der Child Behavior Checklist (YSR). Einführung und Anleitung zur Handauswertung. 2. Auflage mit deutschen Normen, bearbeitet von M. Döpfner, J. Plück, S. Bölte, K. Lenz, P. Melchers & K. Heim. Köln: Arbeitsgruppe Kinder-, Jugend- und Familiendiagnostik (KJFD).

Arbeitsgruppe Deutsche Child Behavior Checklist (1998c). *Fragebogen für junge Erwachsene (YASR)* Köln: Arbeitsgruppe Kinder-, Jugend- und Familiendiagnostik (KJFD).

Arbeitsgruppe Deutsche Child Behavior Checklist (1998d). *Elternfragebogen über das Verhalten junger Erwachsener (YABCL).* Köln: Arbeitsgruppe Kinder-, Jugend- und Familiendiagnostik (KJFD).

Arbeitsgruppe Deutsche Child Behavior Checklist (2000a). *Elternfragebogen für Klein- und Vorschulkinder (CBCL/1^1/2-5).* Köln: Arbeitsgruppe Kinder-, Jugend- und Familiendiagnostik (KJFD).

Arbeitsgruppe Deutsche Child Behavior Checklist (2000b). *Fragebogen für ErzieherInnen von Klein- und Vorschulkindern (C-TRF/1^1/2-5).* Köln: Arbeitsgruppe Kinder-, Jugend- und Familiendiagnostik (KJFD).

Barkley, R. A. (1991). The ecological validity of laboratory and analogue assessment methods of ADHD symptoms. *Journal of Abnormal Child Psychology 19*, 726–726.

Bene, E. & Anthony, J. (1957). *Manual for the Family Relations Test.* London: NFER Publishing Company.

Cierpka, M. & Frevert, G. (1994). *Die Familienbögen.* Göttingen: Hogrefe.

Deutsche Gesellschaft für Kinder- und Jugendpsychiatrie und Psychotherapie, Berufsverband der Ärzte für Kinder- und Jugendpsychiatrie und Psychotherapie in Deutschland, Bundesarbeitsgemeinschaft der leitenden Klinikärzte für Kinder- und Jugendpsychiatrie und Psychotherapie (2000). *Leitlinien zur Diagnostik und Therapie von psychischen Störungen im Säuglings-, Kindes- und Jugendalter.* Köln: Deutscher Ärzte Verlag.

Döpfner, M. (2002). Hyperkinetische Störungen. In Petermann, F. (Hrsg.) *Lehrbuch der klinischen Kinderpsychologie und -psychotherapie* (5. korr. Aufl., S. 151–186). Hogrefe: Göttingen.

Döpfner, M., Berner, W., Flechtner, H., Lehmkuhl, G. & Steinhausen, H.-C. (1999). *Psychopathologisches Befund-System für Kinder und Jugendliche (CASCAP-D): Befundbogen, Glossar und Explorationsleitfaden.* Göttingen: Hogrefe.

Döpfner, M., Berner, W., Fleischmann, T. & Schmidt, M. H. (1993). *Verhaltensbeurteilungsbogen für Vorschulkinder (VBV)*. Weinheim: Beltz.

Döpfner, M., Frölich, J. & Lehmkuhl, G. (2000a). *Hyperkinetische Störungen*. Göttingen: Hogrefe.

Döpfner, M., Plück, J., Steinhausen, H.-C. & Lehmkuhl (in Vorbereitung). *Kinder-Diagnostik-System KIDS, Mappe 3: Breitbandverfahren zur Erfassung von Verhaltensstörungen*. Göttingen: Hogrefe.

Döpfner, M. & Lehmkuhl, G. (2000). *Diagnostik-System für Psychische Störungen im Kindes- und Jugendalter nach ICD-10 und DSM-IV (DISYPS-KJ)*, (2. korrigierte und ergänzte Auflage). Bern: Huber.

Döpfner, M., Lehmkuhl, G., Heubrock, D. & Petermann, F. (2000b). *Diagnostik psychischer Störungen im Kindes- und Jugendalter*. Göttingen: Hogrefe.

Doyle, A. E., Biederman, J., Seidman, L. J., Weber, W. & Faraone, S. V. (2000) Diagnostic efficiency of neuropsychological test scores for discriminating boys with and without Attention Deficit – Hyperactivity Disorder. *Journal of Consulting and Clinical Psychology, 68*, 477–488.

Goodman, R. (2001). Psychometric Properties of the Strengths and Difficulties Questionnaire. *J. Am. Acad. Child Adolesc. Psychiatry, 40*, 1337–1345.

Gordon, M. & Barkley, R. A. (1998). Tests and observational measures. In R. A. Barkley (Ed.), *Attention-Deficit Hyperactivity Disorder: A Handbook for Diagnosis and Treatment* (pp. 294–311, 2nd ed.). New York: Guildford Press.

Flämig, J. & Wörner, U. (1977a). Standardisierung einer deutschen Fassung des Family Relations Test (FRT) an Kindern von 6 bis 11 Jahren, Teil 1: Testmaterial, Durchführung des Tests und Auswertung. *Praxis der Kinderpsychologie und Kinderpsychiatrie 26*, 5–11.

Flämig, J. & Wörner, U. (1977b). Standardisierung einer deutschen Fassung des Family Relations Test (FRT) an Kindern von 6 bis 11 Jahren, Teil 2: Eichstichprobe, Normtabellen, Interpretation. *Praxis der Kinderpsychologie und Kinderpsychiatrie 26*, 38–46.

Földényi, M., Imhof, K. & Steinhausen, H.-C. (2000). Klinische Validität der computerunterstützten TAP bei Kindern mit Aufmerksamkeits-/Hyperaktivitätsstörungen. *Zeitschrift für Neuropsychologie, 11*, 154–167.

Hautzinger, M. & Bailer, M. (1993). *Allgemeine Depressionskala (ADS). Deutsche Form der Center for Epidemiological Studies Depression Scale (CES-D)*. Weinheim: Beltz.

Hautzinger, M., Bailer, M., Worall, H. & Keller, F. (1994). *Beck-Depressions-Inventar (BDI)*. Bern: Huber.

Lovejoy, M. C. & Rasmussen, N. H. (1990). The validity of vigilance tasks in differential diagnosis of children referred for attention and learning problems. *Journal of Abnormal Child Psychology, 18*, 671– 681.

Rossmann, P. (1993). *Depressionstest für Kinder*. Göttingen: Hogrefe.

Rost, D.-H. & Schermer, F. J. (1997). *Differentielles Leistungsangstinventar*. Göttingen: Hogrefe.

Steinhausen, H.-C. (2002). *Psychische Störungen bei Kindern und Jugendlichen. Lehrbuch der Kinder- und Jugendpsychiatrie* (5., neu bearbeitete Aufl.). München: Urban & Fischer.

Steinhausen, H.-C., Winkler Metzke, C. & Kannenberg, R. (1996). *Handbuch – Elternfragebogen über das Verhalten von Kindern und Jugendlichen – Zürcher Ergebnisse zur deutschen Fassung der Child Behavior Checklist (CBCL)*. Psychiatrische Universitäts-Poliklinik für Kinder- und Jugendliche, Universität Zürich.

Steinhausen, H.-C., Winkler Metzke, C. & Kannenberg, R. (1999). *Handbuch – Fragebogen für Jugendliche – Zürcher Ergebnisse zur deutschen Fassung des Youth Self Report (YSR)*. Zentrum für Kinder- und Jugendpsychiatrie, Universität Zürich.

Steinhausen H.-C. & Winkler Metzke, C. (2000). Die Allgemeine Depressions-Skala (ADS) in der Diagnostik von Jugendlichen. *Praxis der Kinderpsychologie und Kinderpsychiatrie 49*, 419–434.

Trommer, B. L., Hoeppner, J. B., Lorber, R. & Armstrong, K. (1988). Pitfalls in the use of a continuous performance test as a diagnostic tool in attention deficit disorder. *Journal of Developmental and Behavioral Pediatrics, 9*, 339–345.

Tryon, W. W. & Pinto, L. P. (1994). Comparing activity measurements and ratings. *Behavior Modification, 18*, 251–261.

Wieczerkowski, W., Nickel, H., Janowski, A., Fittkau, B. & Rauer, W. (1981). *Angstfragebogen für Schüler (AFS)* (6. Auflage). Braunschweig: Westermann.

Woerner, W., Becker, A., Friedrich, C., Rothenberger, A., Klasen, H. & Goodman, R. (2002). Normierung und Evaluation der deutschen Elternversion des Strengths and Difficulties Questionnaire (SDQ): Ergebnisse einer repräsentativen Felderhebung. *Zeitschrift für Kinder- und Jugendpsychiatrie und Psychotherapie, 30*, 105–112.

Zimmermann, P. & Fimm, B. (1993). *Testbatterie zur Aufmerksamkeitsprüfung (TAP) Version 1.02*. Handbuch Teil 1/2. Psytest, Freiburg.

3 Verfahren zur Eingangsdiagnostik

3.1 Screening-Bogen für Aufmerksamkeitsdefizit-/ Hyperaktivitätsstörungen (ADHS-Bogen)

Kurzbeschreibung

Beurteiler	Klinische Beurteilung oder Fremdurteil von Eltern, Erziehern oder Lehrern
Altersbereich	gesamtes Kindes- und Jugendalter
Autoren	Döpfner & Lehmkuhl (2001)
Quelle	Neues Verfahren
Bezug	Kopiervorlage

Zielsetzung

Mithilfe des *ADHS-Bogens* sollen Hinweise auf Aufmerksamkeitsdefizit-/ Hyperaktivitätsstörungen (ADHS) sowie auf begleitende Auffälligkeiten erfasst werden. Falls sich entsprechende Hinweise ergeben, sollen dann weitere diagnostische Maßnahmen eingeleitet werden. Der *ADHS-Bogen* basiert auf den Diagnosekriterien von ICD-10 und DSM-IV, erfasst sie jedoch nicht im Detail.

Aufbau

Der *ADHS-Bogen* umfasst 11 Fragen (Items). Die ersten 6 Items beziehen sich auf eine mögliche Aufmerksamkeitsdefizit-/Hyperaktivitätsstörung, die letzten 5 Items auf häufig auftretende begleitende (komorbide) Probleme.

Die Items 1 bis 3 beschreiben die Kernsymptome von Aufmerksamkeitsdefizit-/Hyperaktivitätsstörungen – motorische Unruhe, Impulsivität und Unaufmerksamkeit. Die Stärke, mit der diese Kernsymptome auftreten, wird für die beiden Lebensbereiche Familie und Kindergarten bzw. Schule auf jeweils vierstufigen Antwortskalen getrennt erhoben. Item 4 überprüft, ob die Problematik bereits vor der Einschulung begonnen hat. Die Items 5 und 6 erheben den Grad der Belastung, der von dieser Symptomatik ausgeht.

In den Items 7 bis 11 werden Hinweise auf die am häufigsten auftretenden Begleitstörungen und -probleme erhoben: aggressives Verhalten, Entwicklungsstörungen und Leistungsprobleme, Ängste und Unsicherheit, depressive Symptome und mangelnde soziale Integration.

Anwendung

Der *ADHS-Bogen* kann als *Explorationshilfe* für den Untersucher oder als *Fragebogen* eingesetzt werden. Als Fragebogen kann der Bogen von den Eltern und von Erziehern im Kindergarten oder von Lehrern beantwortet werden. Eine Beurteilung sowohl von den Eltern als auch von den Erziehern/Lehrern erhöht die Sicherheit der diagnostischen Einordnung.

Auf jeden Fall sollte der Untersucher die Eltern und nach Möglichkeit auch einen Erzieher/Lehrer des Kindes (Letzteren telefonisch) zu dem Verhalten des Kindes explorieren, um sich einen eigenen klinischen Eindruck von dem Verhalten des Kindes in der Familie und im Kindergarten/in der Schule zu verschaffen. Anhand des *ADHS-Bogens* kann der Untersucher dann auch seine eigene klinische Beurteilung dokumentieren, die von der Einschätzung der Eltern oder Erzieher/Lehrer abweichen kann. Der *ADHS-Bogen* ermöglicht eine erste Beurteilung des Kindes, auf der dann eine ausführlichere Diagnostik aufbauen kann, die sich jedoch durch diesen Bogen nicht ersetzen lässt.

Durchführung	Als *Fragebogen* kann der *ADHS-Bogen* von Eltern und Erziehern/Lehrern beurteilt werden. Eltern sollten die in den Items 1 bis 3 aufgelisteten Kernsymptome sowohl für die Familie als auch für den Kindergarten/die Schulsituation einschätzen. Erzieher und Lehrer werden in der Regel nur das Verhalten im Kindergarten/in der Schule beurteilen können.

Bei der Anwendung des *ADHS-Bogens* als *Explorationshilfe* sollte der Untersucher Eltern oder auch Erzieher/Lehrer hinsichtlich der einzelnen Items genau befragen und seine eigene Einschätzung auf dem Bogen eintragen. Die Exploration kann erleichtert werden, wenn die Eltern oder Erzieher/Lehrer den *ADHS-Bogen* bereits beantwortet haben. Ein genaueres Nachfragen ermöglicht dann eine eigene klinische Einschätzung durch den Untersucher.

Damit die drei Kernsymptome vom Untersucher als auffällig beurteilt werden können, muss das entsprechende Verhalten deutlich stärker ausgeprägt sein, als dies bei Kindern des entsprechenden Alters und bei Kindern des entsprechenden Entwicklungsstandes üblicherweise der Fall ist.

Auswertung	Hinweise auf eine Aufmerksamkeitsdefizit-/Hyperaktivitätsstörung liegen vor, wenn das Kind entweder als unruhig und impulsiv (unruhig-impulsiver Subtyp) oder als unaufmerksam (unaufmerksamer Subtyp) oder in allen drei Kernsymptomen (kombinierter Subtyp) als auffällig beurteilt wird (mindestens Ausprägung 2). Die Problematik muss sowohl in der Familie als auch im Kindergarten/in der Schule auftreten; sie muss vor der Einschulung, spätestens aber kurz danach begonnen haben (Item 4) und sie muss als belastend erlebt werden (Item 5) oder die soziale, schulische bzw. berufliche Funktionsfähigkeit beeinträchtigen (Item 6). Entscheidend für die diagnostische Einschätzung ist die Beurteilung des Untersuchers.

Reliabilität und Validität	Zur Reliabilität liegen noch keine Ergebnisse vor. Das Verfahren ist inhaltlich valide, weil die Kernsymptome von Hyperkinetische Störungen nach ICD-10 und von Aufmerksamkeitsdefizit-/Hyperaktivitätsstörungen nach DSM-IV erfragt werden. Zusätzlich werden die in der empirischen Literatur am häufigsten nachgewiesenen komorbiden Auffälligkeiten erfasst.

Normen und Grenzwerte	Es liegen noch keine Normen vor. Im Auswertungsbogen zum ADHS-Bogen werden folgende Richtlinien gegeben:

Hinweise auf	wenn alle der folgenden Kriterien erfüllt sind
Aufmerksamkeitsdefizit-/ Hyperaktivitätsstörung – Mischtypus (DSM-IV) Hyperkinetische Störung (ICD-10: F90.0)	– Bei den Items 1–3 jeweils Ausprägungen 2 oder 3 in mindestens einem Lebensbereich (Familie oder Kindergarten/Schule) – und bei den Items 4–6 jeweils Ausprägung 1
Aufmerksamkeitsdefizit-/ Hyperaktivitätsstörung – vorwiegend unaufmerksamer Typus (DSM-IV) Sonstige hyperkinetische Störung (ICD-10: F90.8)	– Bei den Items 1–2 jeweils Ausprägungen kleiner als 2 in allen Lebensbereichen (Familie und Kindergarten/Schule) – Bei Item 3 Ausprägungen 2 oder 3 in mindestens einem Lebensbereich (Familie oder Kindergarten/Schule) – und bei den Items 4–6 jeweils Ausprägung 1

Hinweise auf	wenn alle der folgenden Kriterien erfüllt sind
Aufmerksamkeitsdefizit-/ Hyperaktivitätsstörung – vorwiegend hyperaktiv-impulsiver Typus (DSM-IV) Sonstige hyperkinetische Störung (ICD-10: F90.8)	– Bei den Items 1–2 jeweils Ausprägungen 2 oder 3 in mindestens einem Lebensbereich (Familie oder Kindergarten/Schule) – Bei Item 3 Ausprägung kleiner als 2 in allen Lebensbereichen (Familie und Kindergarten/Schule) – und bei den Items 4–6 jeweils Ausprägung 1
Komorbide Störungen oder Probleme	bei mindestens einem der Items 7–11 Ausprägung 1
Notwendigkeit einer umfassenden Entwicklungs-/ Intelligenz- und Leistungs-diagnostik	bei Item 8 Ausprägung 1

Literatur

Döpfner, M., Frölich, J. & Lehmkuhl, G. (2000a). *Hyperkinetische Störungen*. Göttingen: Hogrefe.

ADHS-Bogen

Manfred Döpfner & Gerd Lehmkuhl

Name des Kindes/Jugendlichen: _____

geboren am: _____ Datum heute: _____ Alter (Jahre): _____

besuchte Schulart: _____ Klasse: _____

Beurteiler: _____

Kreuzen Sie bitte jeweils die zutreffende Zahl an.

	in der Familie				im Kinder-garten/in der Schule				Anmerkungen
Wie zutreffend sind folgende Beschreibungen? (verglichen mit anderen Kindern/ Jugendlichen gleichen Alters und vergleichbaren Entwicklungsstandes)	gar nicht	ein wenig	weitgehend	besonders	gar nicht	ein wenig	weitgehend	besonders	
1. Ist **sehr unruhig**, zappelig oder über-mäßig aktiv. Zeigt eine Unruhe, die nur schwer zu begrenzen ist.	0	1	2	3	0	1	2	3	
2. Ist **sehr impulsiv**, kann z. B. nur schwer abwarten oder unterbricht andere häu-fig oder handelt, ohne zu überlegen.	0	1	2	3	0	1	2	3	
3. Ist **sehr unaufmerksam** oder ablenkbar oder beendet angefangene Dinge nicht.	0	1	2	3	0	1	2	3	

	nein	ja	Anmerkungen
4. Haben diese Probleme spätestens kurz nach der Einschulung begonnen?	0	1	
5. Sind diese Probleme insgesamt sehr belastend?	0	1	
6. Beeinträchtigen diese Probleme das Kind (z. B. seine schulische Leistung, seine Beziehungen zu anderen)?	0	1	

Bestehen noch weitere Probleme?

7. Folgt nicht, zeigt aggressives Verhal-ten oder hat Wutausbrüche.	0	1	
8. Hat Leistungsprobleme in der Schule (z. B. schlechte Noten) oder hat Ent-wicklungsrückstände (z. B. beim Sprechen, Malen oder Spielen).	0	1	
9. Wirkt oft ängstlich oder unsicher, traut sich wenig zu oder weint viel.	0	1	
10. Wirkt meist traurig, kann sich kaum freu-en oder zieht sich von anderen zurück.	0	1	
11. Hat kaum Freunde oder wird von anderen nicht gemocht oder aus-geschlossen.	0	1	

Platz für weitere Anmerkungen auf der Rückseite.

Döpfner, Lehmkuhl & Steinhausen (2006). Kinder-Diagnostik-System KIDS 1 – Aufmerksamkeitsdefizit- und Hyperaktivitätsstörung (ADHS). Göttingen: Hogrefe.

Auswertungsbogen

	Hinweise auf	wenn alle der folgenden Kriterien erfüllt sind:
◯	Aufmerksamkeitsdefizit-/ Hyperaktivitätsstörung – Mischtypus (DSM-IV) Hyperkinetische Störung (ICD-10: F90.0)	– Bei den Items 1–3 jeweils Ausprägungen 2 oder 3 in mindestens einem Lebensbereich (Familie oder Kindergarten/ Schule) – und bei den Items 4–6 jeweils Ausprägung 1
◯	Aufmerksamkeitsdefizit-/ Hyperaktivitätsstörung – vorwiegend unaufmerksamer Typus (DSM-IV) Sonstige hyperkinetische Störung (ICD-10: F90.8)	– Bei den Items 1–2 jeweils Ausprägungen kleiner als 2 in allen Lebensbereichen (Familie und Kindergarten/Schule) – Bei Item 3 Ausprägungen 2 oder 3 in mindestens einem Lebensbereich (Familie oder Kindergarten/Schule) – und bei den Items 4–6 jeweils Ausprägung 1
◯	Aufmerksamkeitsdefizit-/ Hyperaktivitätsstörung – vorwiegend hyperaktiv-impulsiver Typus (DSM-IV) Sonstige hyperkinetische Störung (ICD-10: F90.8)	– Bei den Items 1–2 jeweils Ausprägungen 2 oder 3 in mindestens einem Lebensbereich (Familie oder Kindergarten/ Schule) – Bei Item 3 Ausprägung kleiner als 2 in allen Lebensbereichen (Familie und Kindergarten/Schule) – und bei den Items 4–6 jeweils Ausprägung 1
◯	Komorbide Störungen oder Probleme	– Bei mindestens einem der Items 7–11 Ausprägung 1
◯	Notwendigkeit einer umfassenden Entwicklungs-/Intelligenz- und Leistungsdiagnostik	– Bei Item 8 Ausprägung 1

Döpfner, Lehmkuhl & Steinhausen (2006). Kinder-Diagnostik-System KIDS 1 – Aufmerksamkeitsdefizit- und Hyperaktivitätsstörung (ADHS). Göttingen: Hogrefe.

31

3.2 Explorationsschema für Hyperkinetische und Oppositionelle Verhaltensstörungen (ES-HOV)

Kurzbeschreibung

Beurteiler	Klinische Beurteilung
Altersbereich	gesamtes Kindes- und Jugendalter
Autoren	Döpfner, Frölich & Lehmkuhl (2000a)
Quelle	Modifizierte Fassung aus: Hyperkinetische Störungen. Leitfaden Kinder- und Jugendpsychotherapie, Band 1. Göttingen: Hogrefe.
Bezug	Kopiervorlage

Zielsetzung

Das halbstrukturierte *Explorationsschema für Hyperkinetische und Oppositionelle Verhaltensstörungen (ES-HOV)* dient in erster Linie der klinischen Exploration der Eltern. Es kann aber auch für die Exploration des Kindes/Jugendlichen und für die Exploration der Erzieher/Lehrer eingesetzt werden und es erlaubt die Einschätzung des Verhaltens des Kindes/Jugendlichen in der Explorations- und Untersuchungssituation.

Aufbau

Das *ES-HOV* orientiert sich an den im Leitfaden Hyperkinetische Störungen (Döpfner et al., 2000a) entwickelten Leitlinien zur Exploration von Eltern, Erziehern und des Patienten. Auf der ersten Seite des Explorationsschemas können Grundinformationen über den Patienten, den Vorstellungsanlass und über die Kompetenzen des Patienten notiert werden. Neben der hyperkinetischen Symptomatik werden durch das Explorationsschema auch oppositionelle und aggressive Störungen differenziert erfragt, da diese Störungen sehr häufig komorbid auftreten. *ES-HOV* ist in acht Explorationsbereiche gegliedert:

1. Aktuelle hyperkinetische Symptomatik des Kindes/Jugendlichen,
2. Spezifische psychische Komorbidität und differenzialdiagnostische Abklärung,
3. Relative Stärken und Interessen des Kindes/Jugendlichen,
4. Störungsspezifische Entwicklungsgeschichte des Kindes/Jugendlichen,
5. Spezifische medizinische Anamnese,
6. Spezifische Familienanamnese,
7. Bedingungen im Kindergarten/in der Schule und in der Gleichaltrigengruppe,
8. Therapie.

Am Ende des Explorationsschemas können noch eingetragen werden:

9. Verhaltensauffälligkeiten während der Exploration/Untersuchung und psychopathologische Beurteilung
10. Weitere Diagnostik
11. Verlaufskontrolle

Ausführliche Hinweise zur Exploration der einzelnen Bereiche können dem Leitfaden Hyperkinetische Störungen (Döpfner et al., 2000) entnommen werden.

Anwendung

Die Exploration anhand des Schemas kann beim Erstkontakt begonnen werden. Bei differenzierten Eltern kann die Exploration dadurch erleichtert werden, dass zunächst der in Kapitel 3.3 beschriebene ADHS-Elternfragebogen von den Eltern bearbeitet wird, der parallel zum ES-HOV aufgebaut ist und der Untersucher dann anhand der Angaben der Eltern gezielt nachexplorieren kann.

Durchführung

Die Dauer der Exploration anhand des Schemas kann sehr variabel sein; sie dauert jedoch mindestens eine Sitzung (45 Minuten). Die Exploration der Eltern stellt den Kern der Diagnostik dar. Sie dient jedoch nicht nur der Informationsgewinnung; ebenso wichtig ist in dieser Phase der Aufbau einer therapeutischen Beziehung zu den Eltern. Trotz der vielfältigen Informationen, die in dieser Phase erhoben werden müssen, sollte der Therapeut genügend Zeit haben, sich die Sorgen der Eltern in Ruhe anzuhören und ihnen Verständnis für ihre Situation zu signalisieren. In der Regel haben die Eltern einen hohen Leidensdruck, der mitunter dazu führen kann, dass die Problematik dramatisiert wird und es den Eltern schwer fällt, die Verhaltensprobleme differenziert zu beschreiben.

Die Exploration wird mit mindestens einem Elternteil durchgeführt, günstiger ist jedoch eine gemeinsame Exploration beider Elternteile, weil so Gemeinsamkeiten und Unterschiede in der Bewertung des Kindes und seines Problemverhaltens sowie anderer familiärer Bedingungen deutlich werden können. Häufig werden Eltern und Kind gemeinsam exploriert. Dies hat bestimmte Vor- und Nachteile. Die Reaktionen des Kindes auf die Angaben der Eltern können wertvolle Hinweise zur Konkordanz oder Diskordanz der Beurteilungen von Problemen durch Eltern und Kind geben. Andererseits kann die Anwesenheit des Kindes dazu führen, dass bestimmte Informationen durch die Eltern vorenthalten werden. Außerdem kann das Kind sehr schnell das Gefühl entwickeln, auf einer Anklagebank zu sitzen, wenn die Eltern über die problematischen Verhaltensweisen und ihre Unzufriedenheit mit dem Verhalten des Kindes berichten. Häufig ist es daher sinnvoll nach einer kurzen orientierenden gemeinsamen Exploration von Eltern und Kind mit einer getrennten Exploration fortzufahren. Auf jeden Fall sollten die Eltern und das Kind/der Jugendliche auch alleine exploriert werden, selbst wenn zunächst über alle Themenbereiche eine gemeinsame Exploration erfolgte.

Die Eltern werden zu allen Sektionen exploriert, Kinder oder Jugendliche und Erzieher oder Lehrer nur zu ausgewählten Bereichen. Die Reihenfolge der Exploration dieser Themenbereiche ist nicht festgelegt, sie ergibt sich aber häufig in der genannten Abfolge. Zunächst wird die Exploration der Eltern dargestellt, danach werden Besonderheiten bei der Exploration des Kindes/Jugendlichen und der Erzieher/Lehrer beschrieben.

Auswertung

Keine quantitative Auswertung.

Reliabilität und Validität

Keine quantitative Auswertung, daher sind auch keine quantitativen Angaben zur Reliabilität und Validität möglich. Mit Dissimulationstendenzen (vor allem bei den Kindern/Jugendlichen) und mit Simulationstendenzen (vor allem bei sehr belasteten Eltern/Lehrern) muss gerechnet werden.

Normen und Grenzwerte

Keine quantitative Auswertung, daher sind auch keine Normen oder Grenzwerte verfügbar.

Literatur

Döpfner, M., Frölich, J. & Lehmkuhl, G. (2000a). *Hyperkinetische Störungen.* Göttingen: Hogrefe.

Explorationsschema für Hyperkinetische und Oppositionelle Verhaltensstörungen (ES-HOV)

Patient: _____ Untersucher: _____ Datum: _____

Beurteilungsbasis: ◯ Patient ◯ Eltern/Bezugspersonen ◯ Erzieher/Lehrer ◯ Beobachtung

---

Angaben zum Patienten Geburtsdatum: _____ Alter: _____

| Eltern: | Mutter: _____ |
| | Vater : _____ |

Geschwister (Alter):	1)	( )
	2)	( )
	3)	( )

Kindergarten/Schule: _____ Klasse: _____ Erzieher(in)/Lehrer(in): _____

Adresse: _____

Zustimmung der Eltern zu Kontaktaufnahme?

Aktuelle Schulleistungen

Schullaufbahn (Umschulung/Klassenwiederholung)

Vorstellungsanlass/spontan berichtete Probleme

Vorstellung veranlasst durch:

1

2

3

Interessen/Freizeitaktivitäten/Kompetenzen des Patienten

Freizeitaktivitäten/Interessen

Besondere Fähigkeiten/Kompetenzen/Eigenschaften (z. B. Sportlichkeit, Witz, Charme, vielseitig interessiert)

1 Aktuelle hyperkinetische/oppositionelle/aggressive Problematik und Grad der Beeinträchtigung/Belastung des Patienten und seines Umfeldes Problemstärke: 0 = nicht vorhanden; 1 = leicht; 2 = deutlich; 3 = stark ausgeprägt	Stärke	Alter (bei Beginn)
1.1 in der Familie nach Angaben: O der Eltern O der Erzieher/Lehrer O des Patienten (weitere Exploration durch Elterninterview über Problemsituationen in der Familie (EI-PF))		
1 Motorische Unruhe/Impulsivität/Aufmerksamkeitsstörung (bei selbst- und bei fremdbestimmten Aktivitäten)		
2 Oppositionelles/aggressives Verhalten gegenüber Eltern		
3 Geschwisterrivalität/aggressives Verhalten gegenüber Geschwistern		
4 Dissoziales Verhalten in der Familie (z. B. Lügen, Stehlen)		
1.2 im Kindergarten/in der Schule nach Angaben: O der Eltern O der Erzieher/Lehrer O des Patienten		
1 Motorische Unruhe/Impulsivität/Aufmerksamkeitsstörung (bei selbst- und bei fremdbestimmten Aktivitäten), Lernstörungen		
2 Oppositionelles/aggressives Verhalten gegenüber Erziehern/Lehrern		
3 Dissoziales Verhalten (z. B. Lügen, Stehlen, Schuleschwänzen)		
1.3 bei Gleichaltrigen nach Angaben: O der Eltern O der Erzieher/Lehrer O des Patienten		
1 Motorische Unruhe/Impulsivität/Aufmerksamkeitsstörung		
2 Dominantes/aggressives Verhalten		
3 Dissoziales Verhalten außerhalb von Familie/Schule (z. B. Stehlen)		
4 Integration in Gleichaltrigengruppe/Freunde		
1.4 Klinische Diagnose		
Instrumente: • Diagnose-Checkliste für Aufmerksamkeitsdefizit-/Hyperaktivitätsstörungen (DCL-ADHS)		
• Diagnose-Checkliste für Störungen des Sozialverhaltens (DCL-SSV)		
Diagnose(n):		

Döpfner, Lehmkuhl & Steinhausen (2006). Kinder-Diagnostik-System KIDS 1 – Aufmerksamkeitsdefizit- und Hyperaktivitätsstörung (ADHS). Göttingen: Hogrefe.

2 Spezifische psychische Komorbidität/differenzialdiagnostische Abklärung
(andere als hyperkinetische, oppositionelle oder aggressive Symptome)

Instrumente zur klinischen Beurteilung:

– Psychopathologisches Befund-System für Kinder und Jugendliche (CASCAP-D)
– Weitere Diagnose-Checklisten aus DISYPS (Angst, Depression, Autismus, Tic, Bindungsstörung, Mutismus)

Exploration Problemstärke: 0 = nicht vorhanden; 1 = leicht; 2 = deutlich; 3 = stark ausgeprägt	Stärke	Alter (bei Beginn)
Entwicklungsstörungen/Teilleistungsschwächen/Intelligenzminderung		
Schulische Unterforderung/hohe Intelligenz		
Tiefgreifende Entwicklungsstörung (Autismus)		
Tic-Störung (Tourette-Störung)		
Depressive Symptome (u. a. mangelndes Selbstvertrauen/negatives Selbstkonzept)		
Angst (u. a. Leistungsangst)		
Andere Störungen (z. B. Borderline-Störung, schizophrene Störung, Manie, substanzinduzierte Störung, Schlafstörung)		
Beeinträchtigung der Beziehungen zu Eltern, Geschwistern, Erziehern, Lehrern, Gleichaltrigen		

Döpfner, Lehmkuhl & Steinhausen (2006). Kinder-Diagnostik-System KIDS 1 – Aufmerksamkeitsdefizit- und Hyperaktivitätsstörung (ADHS). Göttingen: Hogrefe.

37

3 Störungsspezifische Entwicklungsgeschichte des Patienten

Schwangerschafts-/Geburtskomplikationen, Komplikationen in der Neugeborenenperiode.

Verzögerungen der frühkindlichen Entwicklung (Sitzen, Krabbeln, Laufen, erste Worte, Sauberkeit)

Temperamentsmerkmale im Säuglings- und Kleinkindalter
(Schlafprobleme, Störungen der Nahrungsaufnahme, häufiges Schreien, Koliken, Unruhe; Belastungen der Eltern dadurch)

Verhaltensprobleme im Kindergartenalter (nur bei Schulkindern)

Verhaltensprobleme im Grundschulalter (nur bei Kindern > 10 Jahre)

Beginn der hyperkinetischen/aggressiven/oppositionellen Symptomatik, Belastungen zu diesem Zeitpunkt, Reaktionen/Konsequenzen auf Symptomatik

Verlauf der Symptomatik und Zusammenhang mit psychosozialen Be- und Entlastungen

4 Spezifische medizinische Anamnese

Medizinische/neurologische Primär-Diagnose
(Alkoholembryopathie, Blei-Intoxikation, Epilepsie, Hyperthyreose, Schädel-Hirn-Trauma, genetische/metabolische Störung, Migräne, primäre Schlafstörung)

Medikation, die hyperkinetische Symptome verursachen kann
(Antiasthmatika, Phenobarbital, Antihistaminika, Sympathomimetika)

Döpfner, Lehmkuhl & Steinhausen (2006). Kinder-Diagnostik-System KIDS 1 – Aufmerksamkeitsdefizit- und Hyperaktivitätsstörung (ADHS). Göttingen: Hogrefe.

5 Spezifische Familienanamnese

Psychische Störungen bei Familienmitgliedern/erstgradig Verwandten
(vor allem: Hyperkinetische Störungen, Tic-Störungen, Störungen im Zusammenhang mit psychotropen Substanzen, Störungen des Sozialverhaltens, Persönlichkeitsstörungen, Affektstörungen, Angst- und Zwangsstörungen, Schizophrenie, Entwicklungs- und Lernstörungen)

Vergangene und gegenwärtige Belastungen und Krisen in der Familie (Eheprobleme, Probleme mit anderen Familienmitgliedern, mit Verwandten, Nachbarn); Veränderungen der Familienzusammensetzung

Organisationsgrad der Familie und besondere Ressourcen

Erziehungsverhalten, spezifische Bewältigungsstrategien in kritischen Erziehungssituationen; Hinweise auf Misshandlung/Vernachlässigung (weitere Exploration durch Elterninterview durch Eltern-Kind-Interaktion, EKI)

Eltern-Kind-Beziehung und Beziehung zu Geschwistern

Döpfner, Lehmkuhl & Steinhausen (2006). Kinder-Diagnostik-System KIDS 1 – Aufmerksamkeitsdefizit- und Hyperaktivitätsstörung (ADHS). Göttingen: Hogrefe.

39

6 Bedingungen im Kindergarten/in der Schule und in der Gleichaltrigengruppe

Integration des Kindes in Gruppen (Kindergarten, Schule, Gleichaltrige, Freizeitgruppen)

Belastende Bedingungen im Kindergarten/in der Schule
(z. B. Gruppen-/Klassengröße, Anteil verhaltensauffälliger Kinder, Cliquen-Bildung)

Ressourcen im Kindergarten/in der Schule
(z. B. Kleingruppenunterricht, Kleingruppenbeschäftigung, Integrationsmaßnahmen, Förderunterricht)

Erzieher-/Lehrer – Kind-Beziehung und Eltern – Erzieher-/Lehrer-Beziehung

7 Therapie

Bewältigungsversuche durch den Patienten, durch die Familie, den Kindergarten/die Schule und ihre Ergebnisse

Vorbehandlung

Alter (bei Beginn)	Behandlung (bei Medikation: Dosierung)	Dauer (Monate)	Verlauf

Döpfner, Lehmkuhl & Steinhausen (2006). Kinder-Diagnostik-System KIDS 1 – Aufmerksamkeitsdefizit- und Hyperaktivitätsstörung (ADHS). Göttingen: Hogrefe.

Ursachen der Probleme (organische, psychische, familiäre Ursachen) nach Meinung

des Patienten:

der Eltern:

der Erzieher/Lehrer:

Therapieerwartungen (z. B.: Kind muss sich ändern, Medikament, emotionale Probleme vermindern, Veränderung in der Familie)

des Patienten:

der Eltern:

der Erzieher/Lehrer:

Therapieziele (Zielsymptome und konkrete Ziele)

des Patienten:
1

2

3

der Eltern:
1

2

3

der Erzieher/Lehrer:
1

2

3

Therapiemotivation/-compliance: 0 = keine, 1 = gering, 2 = deutlich, 3 = stark ausgeprägt

Therapieart	Patient	Eltern	Erzieher Lehrer
Beratung der Eltern/Intervention in der Familie			
Beratung der Erzieher/Lehrer Intervention in Kindergarten/ Schule			
Verhaltens-/Psychotherapie des Kindes			
Pharmakotherapie			

8 Verhaltensauffälligkeiten während der Exploration/Untersuchung und psychopathologische Beurteilung

(0 = nicht vorhanden; 1 = leicht; 2 = deutlich; 3 = stark ausgeprägt)
differenzierte Beurteilung durch: Psychopathologisches Befund-System für Kinder und Jugendliche (CASCAP-D)

Verhalten	Situationen (z. B. Exploration der Eltern, Spielsituation, Testsituation)			
Kooperation				
Motorische Unruhe				
Ablenkbarkeit				
Impulsivität				
Frustrationstoleranz				
Unsicherheit/Ängstlichkeit				
Andere:				
Andere:				

9 Weitere Diagnostik

9.1 Elternfragebogen

Breitbandverfahren, z. B.:
- Elternfragebogen – Verhaltensbeurteilungsbogen für Vorschulkinder (VBV-EL)
- Elternfragebogen über das Verhalten von Kindern und Jugendlichen (CBCL/4–18)

Ergebnis:

Störungsspezifische Verfahren, z. B.:
- Fremdbeurteilungsbogen für Aufmerksamkeitsdefizit-/Hyperaktivitätsstörungen (FBB-ADHS)
- Fremdbeurteilungsbogen für Störungen des Sozialverhaltens (FBB-SSV)
- Elternfragebogen über Problemsituationen in der Familie (EF-PF)

Ergebnis:

9.2 Fragebögen für Erzieher-/Lehrer

Breitbandverfahren (VBV-ER), z. B.:
- Erzieherfragebogen – Verhaltensbeurteilungsbogen für Vorschulkinder
- Lehrerfragebogen über das Verhalten von Kindern und Jugendlichen (TRF)

Ergebnis:

Störungsspez. Verfahren, z. B.:
- Fremdbeurteilungsbogen für Aufmerksamkeitsdefizit-/Hyperaktivitätsstörungen (FBB-ADHS)
- Fremdbeurteilungsbogen für Störungen des Sozialverhaltens (FBB-SSV)

Ergebnis:

9.3 Selbsturteil des Patienten über Verhaltensprobleme (ab ca. 10 Jahre)

Breitbandverfahren, z. B.:
- Fragebogen für Jugendliche (YSR)

Störungsspez. Verfahren, z.B.:
- Selbstbeurteilungsbogen für Aufmerksamkeitsdefizit-/Hyperaktivitätsstörungen (FBB-ADHS)
- Selbstbeurteilungsbogen für Störungen des Sozialverhaltens (SBB-SSV)

Ergebnis:

9.4 Intelligenz- und Leistungsdiagnostik

Intelligenztest:

Schulleistungstest:

Entwicklungstest:

Döpfner, Lehmkuhl & Steinhausen (2006). Kinder-Diagnostik-System KIDS 1 – Aufmerksamkeitsdefizit- und Hyperaktivitätsstörung (ADHS). Göttingen: Hogrefe.

10 Verlaufskontrolle, Datum: _____

nach Angaben: O der Eltern   O der Erzieher/Lehrer   O des Patienten   O anhand von Fragebögen

Veränderung: **–2** = stark verschlechtert, **–1** = leicht verschlechtert, **0** = unverändert,
+1 = leicht verbessert, Therapieziel noch nicht erreicht
+2 = stark verbessert, Therapieziel erreicht, **9** = keine Symptomatik

Veränderung

Aufmerksamkeitsstörung, Impulsivität und Hyperaktivität
(insbesondere Zielsymptome siehe 7)

in der Familie

in Kindergarten/Schule

Andere Verhaltensauffälligkeiten/emotionale Entwicklung
(insbesondere Zielsymptome siehe 7)

in der Familie

in Kindergarten/Schule

Leistungen in der Schule/Entwicklungsstand (Verminderung von Defiziten)

Beziehungen zu Gleichaltrigen und Freizeitaktivitäten

Familiäre Interaktionen und familiäre Beziehungen

Weitere Behandlungsplanung

Döpfner, Lehmkuhl & Steinhausen (2006). Kinder-Diagnostik-System KIDS 1 – Aufmerksamkeitsdefizit- und
Hyperaktivitätsstörung (ADHS). Göttingen: Hogrefe.

43

3.3 Elternfragebogen für hyperkinetische und oppositionelle Verhaltensprobleme (EF-HOV)

Kurzbeschreibung

Beurteiler	Eltern
Altersbereich	gesamtes Kindes- und Jugendalter
Autoren	Döpfner, Schürmann & Wolff Metternich (2004)
Quelle	Neues Verfahren
Bezug	Kopiervorlage

Zielsetzung

Der *Elternfragebogen für hyperkinetische und oppositionelle Verhaltensprobleme (EF-HOV)* besteht aus offen gestellten Fragen, die analog zum *Explorationsschema für Hyperkinetische und Oppositionelle Verhaltensstörungen (ES-HOV)* entwickelt wurden. Anhand der offenen Fragen können grundlegende Informationen von den Eltern erhoben werden. Der Fragebogen kann im Rahmen der Exploration der Eltern eingesetzt werden. Er kann damit die klinische Exploration erleichtern, sollte sie aber nicht ersetzen.

Aufbau

Der *ADHS-Elternfragebogen* orientiert sich im Aufbau am *Explorationsschema für Hyperkinetische und Oppositionelle Verhaltensstörungen (ES-HOV)*. Auf der ersten Seite des Fragebogens können Grundinformationen über den Patienten und den Vorstellungsanlass und über die Kompetenzen des Patienten notiert werden. Der *ADHS-Elternfragebogen* ist in sieben Bereiche gegliedert:

1. Gegenwärtige Probleme Ihres Kindes durch Unruhe, Unaufmerksamkeit oder Impulsivität (in der Familie, im Kindergarten/in der Schule/bei Gleichaltrigen)
2. Interessen, Freizeitaktivitäten, Kompetenzen Ihres Kindes
3. Andere Probleme Ihres Kindes
4. Entwicklungsgeschichte Ihres Kindes und körperliche Gesundheit
5. Familie
6. Kindergarten/Schule und Gleichaltrige
7. Behandlung

Anwendung

Der Fragebogen kann den Eltern vor dem oder beim Erstkontakt ausgehändigt werden. Er kann als Grundlage für eine klinische Exploration anhand des *Explorationsschemas für Hyperkinetische und Oppositionelle Verhaltensstörungen (ES-HOV)* dienen.

Duchführung

Die Bearbeitungsdauer kann sehr variabel sein. Falls der Platz nicht ausreicht, können Eltern ergänzende Bemerkungen machen.

Auswertung

Keine quantitative Auswertung.

Reliabilität und Validität

Keine quantitative Auswertung, daher sind auch keine quantitativen Angaben zur Reliabilität und Validität möglich.

Normen und Grenzwerte

Keine quantitative Auswertung, daher sind auch keine Normen oder Grenzwerte verfügbar.

Literatur

Döpfner, M., Frölich, J. & Lehmkuhl, G. (2000a). *Hyperkinetische Störungen.* Göttingen: Hogrefe.

Elternfragebogen für hyperkinetische und oppositionelle Verhaltensprobleme (EF-HOV)

Name des Kindes/Jugendlichen: _____

geboren am: _____ Datum heute: _____ Alter (Jahre): _____

ausgefüllt von: ○ Mutter ○ Vater ○ andere: _____

Angaben zur Familie

Mutter: Alter: _____ Beruf: _____

Vater: Alter: _____ Beruf: _____

Geschwister Name (Alter): 1)   ( ) Schulform/Kiga:

2)   ( ) Schulform/Kiga:

3)   ( ) Schulform/Kiga:

Angaben zum Kindergarten/Schule

Adresse:

Klasse: Erzieher(in)/Lehrer(in):

Aktuelle Schulleistungen:

Insgesamt:

○ überdurchschnittlich ○ durchschnittlich ○ unterdurchschnittlich ○ weit unterdurchschnittlich

In welchen Fächern hat Ihr Kind große Schwierigkeiten?

Wurde Ihr Kind wegen Schwierigkeiten umgeschult oder hat es schon einmal eine Klasse wiederholt? Wenn ja, bitte beschreiben:

Vorstellungsanlass

Wer hat Ihnen angeraten, sich wegen der Schwierigkeiten Hilfe zu suchen?

Auf Grund welcher Probleme stellen Sie Ihr Kind hier vor?

Döpfner, Lehmkuhl & Steinhausen (2006). Kinder-Diagnostik-System KIDS 1 – Aufmerksamkeitsdefizit- und Hyperaktivitätsstörung (ADHS). Göttingen: Hogrefe.

1 Gegenwärtige Probleme Ihres Kindes durch Unruhe, Unaufmerksamkeit oder Impulsivität

In der Familie

Beschreiben Sie Situationen, in denen Ihr Kind besonders unruhig, unkonzentriert, ablenkbar oder impulsiv ist und nicht abwarten kann oder unüberlegt etwas tut:

... wie ist es bei Spielen (alleine oder mit anderen)?

... wie ist es bei Beschäftigungen oder bei Hausaufgaben?

... wie ist es beim Anziehen, Waschen, Frühstücken am Morgen?

... wie ist es beim Essen mittags oder abends?

... wie ist es beim Ausziehen und Zubettgehen?

... wie ist es, wenn das Kind Aufgaben oder Pflichten erledigen soll?

... wie ist es in der Öffentlichkeit (Supermarkt, Bus, wenn Sie jemanden besuchen)?

Im Kindergarten/in der Schule

Werden ähnliche Probleme aus dem Kindergarten/aus der Schule berichtet? Wenn ja, bitte beschreiben:

Bei Gleichaltrigen

Sind Ihnen oder anderen Personen ähnliche Probleme Ihres Kindes im Umgang mit Gleichaltrigen aufgefallen? Wenn ja, bitte beschreiben:

2 Interessen, Freizeitaktivitäten, Kompetenzen Ihres Kindes

Welche Interessen und Freizeitaktivitäten hat Ihr Kind?

Welche besondere Fähigkeiten und Kompetenzen hat Ihr Kind? Was gefällt Ihnen an Ihrem Kind?

Hat Ihr Kind genügend soziale Kontakte? Versteht es sich mit Gleichaltrigen?

Döpfner, Lehmkuhl & Steinhausen (2006). Kinder-Diagnostik-System KIDS 1 – Aufmerksamkeitsdefizit- und Hyperaktivitätsstörung (ADHS). Göttingen: Hogrefe.

3 Andere Probleme Ihres Kindes

Verhält sich Ihr Kind Ihnen (oder Ihrem Partner) gegenüber verweigernd oder aggressiv? Hält es sich an Grenzen und Verbote?

Verhält sich Ihr Kind anderen Erwachsenen gegenüber verweigernd oder aggressiv? Hält es sich an Grenzen und Verbote?

Verhält sich Ihr Kind seinen Geschwistern oder anderen Kindern gegenüber sehr bestimmend oder aggressiv? Kann es Konflikte lösen?

Hat Ihr Kind bisher schwere Regelübertretungen begangen, wie häufiges Lügen, Stehlen, ist es schon von zu Hause weggelaufen?

Haben Sie den Eindruck, dass Ihr Kind in manchen Bereichen in seiner Entwicklung gegenüber anderen zurückbleibt? Hat es z. B. Schwierigkeiten beim Sprechen, in der körperlichen Geschicklichkeit, beim Malen/Basteln, beim Lesen, Schreiben oder Rechnen?

Haben Sie den Eindruck, dass Ihr Kind grundsätzlich wenig Interesse an anderen Menschen hat oder dass es ihm schwer fällt, mit anderen in Kontakt zu treten oder sich in diese hineinzuversetzen?

Hat Ihr Kind unwillkürliche, plötzliche sich wiederholende Zuckungen oder macht es Geräusche (Tics)?

Wirkt Ihr Kind übermäßig traurig, niedergeschlagen oder hat ein mangelndes Selbstbewusstsein? Traut es sich wenig zu?

Hat Ihr Kind besondere Ängste, z. B. Angst vor Klassenarbeiten, vor Situationen mit anderen Kindern oder Erwachsenen, vor Dunkelheit oder bestimmten Tieren?

Zeigt Ihr Kind andere problematische Verhaltensweisen?

Döpfner, Lehmkuhl & Steinhausen (2006). Kinder-Diagnostik-System KIDS 1 – Aufmerksamkeitsdefizit- und Hyperaktivitätsstörung (ADHS). Göttingen: Hogrefe.

49

4 Entwicklungsgeschichte Ihres Kindes und körperliche Gesundheit

Gab es Komplikationen während der Schwangerschaft, Geburt oder in den ersten Lebensmonaten?

Gab es in den ersten Lebensjahren Verzögerungen in der frühkindlichen Entwicklung
(z. B. Laufen oder erste Worte erst nach 1,5–2 Jahren, verspätet sauber und trocken geworden)?

Gab es in den ersten Lebensjahren Probleme beim Schlafen, Essen oder häufiges Schreien, Koliken oder starke Unruhe?

Bei Schulkindern: Hatte das Kind bereits im Kindergartenalter Verhaltensprobleme?

Bei Kindern über 10 Jahre: Hatte das Kind im Grundschulalter Verhaltensprobleme?

In welchem Alter sind bei Ihrem Kind Aufmerksamkeitsprobleme, Unruhe und Impulsivität zum ersten Mal aufgetreten und wie äußerten sich die Probleme damals?

In welchem Alter sind bei Ihrem Kind erstmals verweigernde oder aggressive Verhaltensweisen aufgefallen?

Wie haben sich die Verhaltensprobleme seitdem entwickelt; sind sie stärker oder schwächer geworden? Wodurch?

Hat Ihr Kind eine körperliche Erkrankung?

Nimmt Ihr Kind zurzeit Medikamente?

Döpfner, Lehmkuhl & Steinhausen (2006). Kinder-Diagnostik-System KIDS 1 – Aufmerksamkeitsdefizit- und Hyperaktivitätsstörung (ADHS). Göttingen: Hogrefe.

5 Familie

Was machen Sie gerne mit Ihrem Kind zusammen?

Wie würden Sie die Beziehung zwischen Ihnen und Ihrem Kind beschreiben?

Wie würden Sie die Beziehung zwischen Ihrem Partner und Ihrem Kind beschreiben?

Wie würden Sie die Beziehung zwischen Ihrem Kind und seinen Geschwistern beschreiben?

Wie gut gelingt es Ihnen, Ihrem Kind Grenzen zu setzen und auf ihre Einhaltung zu achten?

Kann das Kind Sie zur Weißglut bringen? Was machen Sie dann?

Wie gut gelingt es Ihnen, einen strukturierten Tagesablauf einzuhalten?

Haben Sie selbst oder Ihr Partner Schwierigkeiten, z. B. Gesundheitsprobleme, innere Unruhe oder Überaktivität, Konzentrationsprobleme, impulsives Verhalten, leichte Erregbarkeit, Niedergeschlagenheit oder andere Probleme?

Gibt es besondere Belastungen oder Krisen in Ihrer Familie, z. B. Gesundheitsprobleme von anderen Familienmitgliedern, Eheprobleme, finanzielle Sorgen, Sorgen mit Ihren anderen Kindern, Trennungen in der Familie, Probleme am Arbeitsplatz, Probleme mit Verwandten oder Freunden?

Döpfner, Lehmkuhl & Steinhausen (2006). Kinder-Diagnostik-System KIDS 1 – Aufmerksamkeitsdefizit- und Hyperaktivitätsstörung (ADHS). Göttingen: Hogrefe.

51

6 Kindergarten/Schule und Gleichaltrige

Wie gut ist Ihr Kind in seine Kindergartengruppe bzw. in seine Schulklasse integriert?

Gibt es für Ihr Kind besondere Belastungen im Kindergarten bzw. in der Schule?

Gibt es besondere Unterstützungen im Kindergarten bzw. in der Schule)?

Wie beurteilen Sie die Beziehung zwischen Ihrem Kind und der/dem Erzieher(in)/Lehrer(in)?

7 Behandlung

Was haben Sie, Ihr Kind oder der Kindergarten/die Schule bisher versucht, um die Probleme mit Ihrem Kind zu bewältigen? Wie hilfreich war dies?

Haben Sie bisher die Hilfe eines Arztes, Psychologen oder Therapeuten in Anspruch genommen? Wenn ja:

Alter des Kindes (bei Beginn)	Behandlungsart (bei Medikation: Dosierung)	Dauer (Monate)	Erfolg

Döpfner, Lehmkuhl & Steinhausen (2006). Kinder-Diagnostik-System KIDS 1 – Aufmerksamkeitsdefizit- und Hyperaktivitätsstörung (ADHS). Göttingen: Hogrefe.

Was glauben Sie, können möglicherweise die Ursachen der Probleme Ihres Kindes sein?

Was erhoffen oder erwarten Sie sich von einer Behandlung?

Welche konkreten Probleme mit Ihrem Kind müssten sich ändern, damit Sie die Therapie als erfolgreich bewerten würden?

1

2

3

Weitere Bemerkungen

Vielen Dank für Ihre Mitarbeit!

Döpfner, Lehmkuhl & Steinhausen (2006). Kinder-Diagnostik-System KIDS 1 – Aufmerksamkeitsdefizit- und Hyperaktivitätsstörung (ADHS). Göttingen: Hogrefe.

53

3.4 Diagnose-Checkliste für Aufmerksamkeitsdefizit-/ Hyperaktivitätsstörungen (DCL-ADHS)/ für Hyperkinetische Störungen (DCL-HKS)

Kurzbeschreibung

Beurteiler	Klinische Beurteilung auf der Basis eines klinischen Interviews
Altersbereich	gesamtes Kindes- und Jugendalter
Autoren	Döpfner & Lehmkuhl (2000) Döpfner, Görtz-Dorten & Lehmkuhl (2006)
Quelle	Bestandteil des Diagnostik-Systems für Psychische Störungen im Kindes- und Jugendalter nach ICD-10 und DSM-IV (DISYPS-KJ) und der revidierten Fassung DISYPS-II
Bezug	Als Einzelverfahren erhältlich[1]

Zielsetzung

Die *Diagnose-Checkliste für Hyperkinetische Störungen (DCL-HKS) beziehungsweise für Aufmerksamkeitsdefizit-/Hyperaktivitätsstörungen (DCL-ADHS)* dient der Beurteilung der Diagnosekriterien für Hyperkinetische Störungen nach ICD-10, der Aufmerksamkeitsdefizit-/Hyperaktivitätsstörungen nach DSM-IV, sowie der Überaktiven Störung mit Intelligenzminderung nach ICD-10 durch den Untersucher auf der Basis der Exploration der Eltern, Erzieher oder Lehrer des Patienten, des Patienten selbst und der Beobachtung des Patienten. Die Diagnose-Checkliste ist damit ein Hilfsmittel zur Erstellung der Diagnose.

Aufbau

Die *Diagnose-Checkliste für Hyperkinetische Störungen (DCL-HKS)* ist Bestandteil des Diagnostik-Systems für Psychische Störungen im Kindes- und Jugendalter nach ICD-10 und DSM-IV (DISYPS-KJ). In der revidierten Fassung, dem DISYPS-II (Döpfner et al., 2006) wird diese Checkliste umbenannt in *Diagnose-Checkliste für Aufmerksamkeitsdefizit-/Hyperaktivitätsstörungen (DCL-ADHS)*. Dieses System umfasst die im Kindes- und Jugendalter wichtigsten Störungsbereiche. DISYPS-KJ kombiniert drei Beurteilungsebenen miteinander – das klinische Urteil (in Diagnose-Checklisten, DCL), das Fremdurteil durch Eltern, Lehrer oder Erzieher (in Fremdbeurteilungsbögen, FBB) und das Selbsturteil des Kindes oder Jugendlichen ab dem Alter von 11 Jahren (anhand von Selbstbeurteilungsbögen).

Die *Diagnose-Checkliste für Hyperkinetische Störungen (DCL-HKS)/für Aufmerksamkeitsdefizit-/Hyperaktivitätsstörungen (DCL-ADHS)* enthält alle Kriterien für die Diagnose einer hyperkinetischen Störung nach ICD-10 beziehungsweise für Aufmerksamkeitsdefizit-/Hyperaktivitätsstörungen nach DSM-IV. Da sich die Symptomkriterien nach ICD-10 (Forschungskriterien) und nach DSM-IV weitgehend entsprechen, ist nur eine einzige Checkliste mit den Symptomkriterien notwendig. Inhaltlich bedeutsame Abweichungen zwischen beiden Diagnose-Systemen sind entsprechend gekennzeichnet. Bei der Formulierung der Symptom-Kriterien wurden neben der deutschen Übersetzung der ICD-10 Forschungskriterien (Dilling et al., 1994) und des DSM-IV (Saß et al., 2000) auch die englischsprachigen

---

1 Die Bezugsquelle für die als Einzelverfahren erhältlichen Instrumente finden Sie im Anhang.

Originale (World Health Organization, 1993, American Psychiatric Association, 1994) herangezogen, weil die deutschen Fassungen einige Übersetzungsprobleme enthalten.

Zur Beurteilung der einzelnen Kriterien wird eine vierstufige Antwortskala vorgegeben, wobei 0 kodiert wird, wenn die in dem Kriterium definierte Symptomatik nicht vorhanden ist. Liegt die Symptomatik in einer leichteren Ausprägungsform vor als im Kriterium definiert ist, dann wird eine 1 kodiert. Die Kodierungen 2 und 3 werden vergeben, wenn das Kriterium erfüllt ist, wobei die Kodierung 3 dann vorgenommen wird, wenn die Symptomatik deutlich stärker als im Kriterium definiert ausgeprägt ist. Basis dieser Beurteilung ist zunächst die Exploration der Eltern.

Zusätzlich zu den Diagnosekriterien und Entscheidungsbäumen für hyperkinetische Störungen und für Aufmerksamkeitsdefizit-/Hyperaktivitätsstörungen sind in der Diagnose-Checkliste die Diagnosekriterien für die überaktive Störung mit Intelligenzminderung und Bewegungsstereotypien (F84.4) nach ICD-10 in einer eigenen Tabelle aufgeführt. Im DSM-IV gibt es keine Entsprechung für diese Diagnose. Auf der letzten Seite der Diagnose-Checkliste sind Differenzialdiagnosen und häufige komorbide Störungen und Symptome in Übersichtstabellen zusammengefasst.

Anwendung

Die Basis der Beurteilung in der Diagnose-Checkliste (DCL) kann die Exploration der Eltern, der Erzieherin/Lehrerin oder die Beobachtung des Patienten in der Untersuchungssituation sein. Für eine Diagnose nach ICD-10 oder DSM-IV sind nach den nationalen und internationalen Leitlinien (vgl. Döpfner et al., 2000) sowohl die Eltern als auch die Erzieherin/ Lehrerin zu explorieren, da die Symptomatik in mehreren Lebensbereichen auftreten muss und die Informationen der Eltern über das Verhalten des Kindes im Kindergarten oder in der Schule in der Regel nicht ausreicht. Die Erzieherin/Lehrerin kann auch telefonisch exploriert werden. Divergierende Informationen sollten getrennt (auf einem oder auf verschiedenen Bogen) markiert werden. Eine getrennte Bewertung ist auch dann angezeigt, wenn sich die Beurteilung des Verhaltens des Patienten in der Untersuchungssituation deutlich von der Beurteilung auf der Basis der Informationen der Bezugspersonen unterscheidet. Allerdings ist das Verhalten des Kindes in der Untersuchungssituation nicht der für die Diagnose ausschlaggebende Aspekt, da sich vor allem ältere Kinder und Jugendliche und Patienten, die weniger stark von der Symptomatik betroffen sind in der Untersuchungssituation deutlich weniger auffällig verhalten können.

Durchführung

Meist wird die Diagnose-Checkliste auf der Basis der Exploration der Eltern oder der gemeinsamen Exploration von Eltern und Patient beurteilt. Die Exploration erfolgt in der Regel niedrigstrukturiert und orientiert sich an den spontan berichteten Problemen. Meist sind jedoch genauere Nachfragen notwendig, um von den Eltern präzisere Angaben zu erhalten. Für Untersucher, die mit den einzelnen Symptomkriterien nicht sehr gut vertraut sind, empfiehlt sich eine stärker strukturierte Exploration mithilfe der Diagnose-Checkliste. Aber auch bei einer niedriger strukturierten Exploration sollte der Untersucher die einzelnen Kriterien in Anwesenheit der Eltern beurteilen, weil er dann noch möglicherweise notwendige klärende Ergänzungsfragen stellen kann. Die Informationen der Kindes oder Jugendlichen sind umso wichtiger je älter der Patient ist. Allerdings sind die Elterneinschätzungen im Allgemeinen valider. Die Exploration der Erzieherin oder Lehrerin erfolgt meist telefonisch.

Die Diagnose-Checkliste, der Fremdbeurteilungsbogen und der Selbstbeurteilungsbogen für hyperkinetische Störungen sind aufeinander bezogen und enthalten jeweils weitgehend identische Items. Wenn die Eltern und die Erzieherin/Lehrern vor der Exploration bereits einen Fremdbeurteilungsbogen (und der Jugendliche einen Selbstbeurteilungsbogen) beantwortet haben, dann kann der Untersucher anhand der Angaben auf den Fragebögen gezielter explorieren. Die Diagnose darf jedoch nicht anhand der Angaben im Fremdbeurteilungsbogen oder im Selbstbeurteilungsbogen gestellt werden. Grundlage für die Diagnose ist die Beurteilung der einzelnen Symptome durch den Untersucher anhand der Diagnose-Checkliste. Häufig liegen die Symptombeurteilungen des Untersuchers in der Diagnose-Checkliste unter den Einschätzungen der Eltern oder Lehrer im Fremdbeurteilungsbogen.

Auswertung

Die Auswertung der Diagnose-Checklisten erfolgt erstens kategorial mithilfe eines Entscheidungsbaumes und zweitens dimensional.

Die *kategoriale Auswertung* erfolgt anhand eines Entscheidungsbaumes. Da sich beide Diagnose-Systeme zwar kaum in den Symptomkriterien, wohl aber in den Regeln zur Kombination dieser Symptomkriterien zu Diagnosen unterscheiden, enthalten die Diagnose-Checklisten für ICD-10 und DSM-IV getrennte Entscheidungsbäume, die an die Liste der Symptomkriterien angelegt werden können.

Im Unterschied zum DSM-IV liegen für das ICD-10 klinisch diagnostische Leitlinien (Dilling et al., 1994) und Forschungskriterien (Dilling et al., 2000) vor. In den klinisch-diagnostischen Leitlinien sind die einzelnen Diagnosen nicht exakt operationalisiert. Sie lassen dem Diagnostiker deshalb einen weitaus größeren Spielraum als die Forschungskriterien. Dennoch ist es sinnvoll, sich auch in der klinischen Diagnostik an den eindeutig operationalisierten Forschungskriterien zu orientieren, wobei der jeweilige Grenzwert für die Vergabe einer Diagnose (z. B. sechs von neun Kriterien müssen zutreffen) in der klinischen Diagnostik unterschritten werden kann. Nach den weicheren klinischen Kriterien, die lediglich verlangen, dass Aufmerksamkeitsstörungen und Überaktivität vorhanden sein sollen, könnte eine hyperkinetische Störung auch dann diagnostiziert werden, wenn einige Kriterien für Aufmerksamkeitsstörungen und Überaktivität erfüllt sind.

Die Entscheidungsbäume nach ICD-10 und nach DSM-IV enthalten auch die Zusatzkriterien (zum Symptombeginn und zur situationsübergreifenden Ausprägung der Symptomatik) sowie die Ausschlusskriterien.

Zur *dimensionalen Auswertung* werden Kennwerte für Aufmerksamkeitsstörungen, für Überaktivität, für Impulsivität und für Gesamtauffälligkeit gebildet, indem die Ausprägungen auf den entsprechenden Items summiert und durch die Anzahl der Beurteilungen dividiert werden.

Normen und Grenzwerte

Für die kategoriale Auswertung nach ICD-10 oder DSM-IV werden in den Entscheidungsbäumen die Kriterien der entsprechenden Klassifikationssysteme verwendet. Eine Normierung dieses Verfahrens entfällt aus inhaltlichen Gründen.

Normtabelle 1: Orientierende Bandbreiten für die Beurteilung der Skalenkennwerte in der Diagnose-Checkliste für Hyperkinetische Störungen (DCL-HKS)/für Aufmerksamkeitsdefizit-/Hyperaktivitätsstörungen (DCL-ADHS)

Skalenkennwert	Symptomstärke
0,5–1,0	gering
1,0–1,5	mittel
über 1,5	hoch

Für die dimensionale Auswertung lassen sich auf der Basis der Studie an Kindern und Jugendlichen mit der klinischen Diagnose einer Hyperkinetische Störung oder einer Aufmerksamkeitsdefizit-/Hyperaktivitätsstörung (Hackelbörger, 2000) die in Normtabelle 1 aufgelisteten orientierenden Skalenkennwerte für Aufmerksamkeitsstörungen, Überaktivität und Impulsivität sowie für die Gesamtauffälligkeit (jeweils gebildet: Summe der Itemrohwerte/Anzahl der Items) angeben.

Reliabilität und Validität

Umfangreiche Analysen wurden mit Vorformen der Diagnose-Checkliste durchgeführt (Döpfner & Lehmkuhl, 2000). Die Reliabilität und Validität der Endfassung der *Diagnose-Checkliste für Hyperkinetische Störungen (DCL-HKS)* auf der Basis der Exploration der Eltern wurde in einer klinischen Stichprobe von n = 84 Kindern und Jugendlichen im Alter von 4 bis 16 Jahren (77 Jungen) untersucht, die mit der klinischen Diagnose einer Hyperkinetische Störungen oder einer Aufmerksamkeitsdefizit-/Hyperaktivitätsstörungen an eine Spezialambulanz für Kinder und Jugendliche mit Aufmerksamkeitsdefizit-/Hyperaktivitätsstörungen überwiesen wurden. Außerdem wurden Reliabilität und Validität des Verfahrens auf der Basis der Exploration der Lehrer in einer Substichprobe von n = 27 Kindern und Jugendlichen überprüft (Hackelbörger, 2000).

In den Faktorenanalysen der Items der Diagnose-Checkliste auf der Basis der Elternexploration konnte die von den Klassifikationssystemen a priori vorgenommene Differenzierung in Aufmerksamkeitsstörungen, Impulsivität und Hyperaktivität (ICD-10) oder in Aufmerksamkeitsstörungen versus Impulsivität/Hyperaktivität (DSM-IV) nicht eindeutig bestätigt werden.

Tabelle 3 zeigt die internen Konsistenzen der Gesamtskala und der Subskalen der auf der Grundlage der Elternexploration und der Lehrerexploration beurteilten Diagnose-Checkliste. Die Konsistenzen der Skalen auf der Basis der Lehrerexploration sind zufriedenstellend und liegen deutlich über den Werten der Skalen auf der Basis der Elternexploration, die nicht durchweg zufrieden stellen können. Die Konsistenzen der Gesamtskala sind bei beiden Urteilen gut. Da es sich in dieser Stichprobe ausschließlich um deutlich auffällige Kinder und Jugendliche handelt, ist die Aussagekraft diese Werte eingeschränkt. Es ist zu erwarten, dass höhere Konsistenzen ermittelt werden, wenn auch weniger auffällige/unauffällige Kinder in die Stichprobe eingehen und damit die Varianz der Rohwerte erhöht wird.

Tabelle 3: Interne Konsistenzen (Cronbachs α) der Gesamtskala und der Subsalen der Diagnose-Checkliste für Hyperkinetische Störungen beurteilt auf der Grundlage der Elternexploration und der Lehrerexploration bei Kindern und Jugendlichen mit der klinischen Diagnose einer Hyperkinetische Störung oder einer Aufmerksamkeitsdefizit-/Hyperaktivitätsstörung (nach Hackelbörger, 2000)

Skala	Itemzahl	α Eltern-exploration	α Lehrer-exploration
Aufmerksamkeitsstörung	9	.68	.88
Überaktivität	5	.76	.89
Impulsivität	4	.63	.86
Überaktivität + Impulsivität	9	.77	.93
Gesamtauffälligkeit	18	.82	.93

Die Korrelationen zwischen den Skalen, die auf der Basis eines Informanten (Eltern/Lehrer) gebildet wurden, sind im mittleren bis hohen Bereich (r = .42 bis r = .83), während die Korrelationen zwischen den sich entsprechenden Skalen auf der Basis verschiedener Informanten (z. B. Aufmerksamkeitsstörungen im Eltern- und im Lehrerurteil) eher gering ausfallen, teilweise sogar negativ sind (r = −.18 bis r = .52). am höchsten sind die Korrelationen zur Überaktivität (r = .52). Damit wird deutlich, dass ein Informant die drei verschiedenen Symptombereiche eher gleichartig beurteilt, während zwei Informanten, über den gleichen Symptombereich befragt, eher unterschiedliche Informationen geben. Auch diese Ergebnisse spiegeln allerdings nur die Beziehungen innerhalb der Gruppe der auffälligen Kinder wieder. Es ist zu erwarten, dass die informantenübergreifenden Korrelationen höher ausfallen, wenn auch weniger auffällige Kinder in die Stichprobe aufgenommen werden.

Literatur

American Psychiatric Association (1994). *Diagnostic and Statistical Manual of Mental Disorders (DSM-IV).* Washington, D. C.: American Psychiatric Association.

Döpfner, M., Frölich, J. & Lehmkuhl, G. (2000a). *Hyperkinetische Störungen.* Göttingen: Hogrefe.

Döpfner, M., Görtz-Dorten, A. & Lehmkuhl, G. (2006). *Diagnostik-System für Psychische Störungen im Kindes- und Jugendalter nach ICD-10 und DSM-IV (DYSIPS-2).* Bern: Huber.

Döpfner, M. & Lehmkuhl, G. (2000). Diagnostik-System für Psychische Störungen im Kindes- und Jugendalter nach ICD-10 und DSM-IV (DISYPS-KJ), 2. korrigierte und ergänzte Auflage. Bern: Huber.

Hackelbörger, S. (2000). *Empirische Untersuchung der Checkliste Hyperkinetische Störung an einer Klinikstichprobe der Schwerpunktambulanz hyperkinetischer Störungen an der Universitätsklinik Köln.* Diplomarbeit, Universität zu Köln.

Saß, H., Wittchen, H.-U. & Zaudig, M. (2000). *Diagnostisches und statistisches Manual psychischer Störungen, DSM-IV* (3., unveränd. Aufl.). Göttingen: Hogrefe.

World Health Organization (1993). *The ICD-10 classification of mental and behavioural disorders. Diagnostic criteria for research.* Genf: World Health Organization.

DCL-ADHS

Diagnose-Checkliste für Aufmerksamkeitsdefizit-/Hyperaktivitätsstörung

Name: _____ Alter: _____

ausgefüllt von: _____ Datum: _____

Beurteilung basiert auf:
- ☐ Exploration der Eltern/Hauptbezugsperson
- ☐ Exploration des Patienten/der Patientin
- ☐ Informationen vom Kindergarten/von der Schule
- ☐ Klinische Beobachtung
- ☐ Anderen Informationen

Diagnose nach ICD-10: Hyperkinetische Störung (HKS)
- ☐ **Keine** Hyperkinetische Störung
- ☐ F90.0 Einfache Aktivitäts- und Aufmerksamkeitsstörung
- ☐ F90.1 Hyperkinetische Störung des Sozialverhaltens
- ☐ F90.9 Nicht näher bezeichnete Hyperkinetische Störung
- ☐ F90.4 Überaktive Störung mit Intelligenzminderung und Bewegungsstereotypien

Diagnose nach DSM-IV: Aufmerksamkeitsdefizit-/Hyperaktivitätsstörung (ADHS) (mit F-Nummern)
- ☐ **Keine** ADHS
- ☐ F90.0 ADHS – Mischtyp
- ☐ F98.8 ADHS – vorherrschend unaufmerksamer Typ
- ☐ F90.0 ADHS – vorherrschend hyperaktiv-impulsiver Typ
- ☐ F90.9 Nicht näher bezeichnete ADHS

Bestellnummer 03 129 03

Copyright © 2005 by Verlag Hans Huber, Hogrefe AG, Bern.

Differential-Diagnosen (DSM-IV und ICD-10)

Das Verhalten ist ausschliesslich erklärbar durch:
- ☐ Alter und Entwicklungsstand
- ☐ schulische Überforderung
- ☐ sehr hohe Intelligenz
- ☐ chronisches Umfeld
- ☐ Medikamente (z. B. Bronchospasmolytika)

→ keine Diagnose einer Hyperkinetischen (Aufmerksamkeitsdefizit-/Hyperaktivitäts-)Störung

Geistig Behinderung

ICD-10

wenn IQ unter 50 und Bewegungsstereotypien, prüfe/prüfen vorliegen von:

→ Diagnose einer Hyperkinetischen Störung (Aufmerksamkeitsdefizit-/Hyperaktivitätsstörung) kann gestellt werden, wenn Symptome für das Intelligenzalter übermäßig stark ausgeprägt sind

ICD-10

F84.4 Überaktive Störung mit Intelligenzminderung und Bewegungsstereotypien

Verhalten ist besser durch eine Störung des Sozialverhaltens erklärbar

→ Diagnose einer Störung des Sozialverhaltens. Wenn beide Störungen vorliegen, dann Diagnose einer Hyperkinetischen Störung des Sozialverhaltens (ICD) bzw. als Zusatzdiagnose (DSM)

Kriterien einer Tiefgreifenden Entwicklungsstörung oder Psychotischen Störung sind erfüllt

Störung wird durch eine andere Diagnose besser beschrieben (z. B. Dysthyme Störung, Angststörung). Typischerweise beginnt die Störung dann nicht vor dem Alter von sieben Jahren.

→ Diagnose einer anderen Störung und keine Diagnose einer Hyperkinetischen (Aufmerksamkeitsdefizit-/Hyperaktivitäts-)Störung

+ = trifft zu   ? = trifft fraglich zu   − = trifft nicht zu

Häufige komorbide Störungen und Symptome

Störung des Sozialverhaltens → DCL-SSV

Leistungsängste / Insuffizienzgefühle / Dysthyme Störung → DCL-DES   +   DCL-ANG

Umschriebene Entwicklungsstörung / Lernstörung

Ticstörung → DCL-TIC

Diagnose nach DSM-IV (mit F-Nummer)

☐ alle Zusatzkriterien erfüllt:
- ☐ einige Symptome vor dem Alter von 7 Jahren
- ☐ Symptomausprägung in mehr als einer Situation (Familie, Schule)
- ☐ Symptome verursachen Beeinträchtigung der sozialen / schulischen / beruflichen Funktionsfähigkeit

* bei Jugendlichen, die nicht mehr alle Kriterien erfüllen, spezifiziere mit partieller Remission.

Aufmerksamkeitsdefizit-/Hyperaktivitätsstörung (ADHS)

mindestens 6 Kriterien erfüllt? — ja → F90.0 ADHS, Mischtyp*

nein → F90.0 ADHS vorherrschend hyperaktiv-impulsiver Typ*

ja →

insgesamt mindestens 6 Kriterien erfüllt? — ja → F90.8 ADHS vorherrschend unaufmerksamer Typ

nein →

nicht alle Kriterien erfüllt? → F90.9 nicht näher bezeichnete ADHS

☐ keine Ausschlusskriterien erfüllt:
- ☐ keine Tiefgreifende Entwicklungsstörung
- ☐ keine Schizophrenie / andere Psychotische Störung
- ☐ Symptome werden nicht durch eine andere psychische Störung besser beschrieben (z. B. Affektive Störung, Dissoziative Störung, Persönlichkeitsstörung)

+ = trifft zu   ? = trifft fraglich zu   − = trifft nicht zu

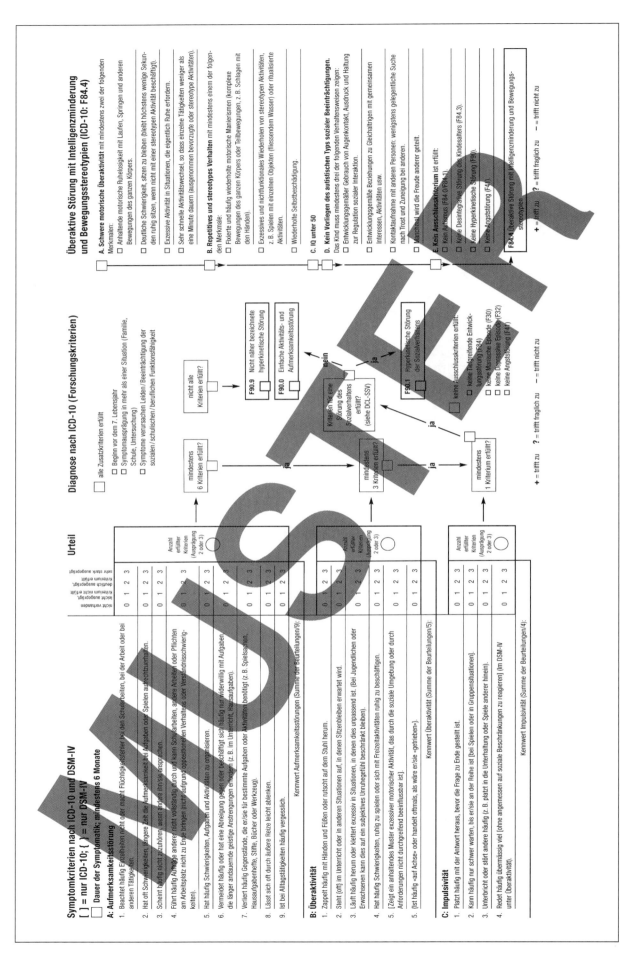

Symptomkriterien nach ICD-10 und DSM-IV

[ ] = nur ICD-10; { } = nur DSM-IV

Dauer der Symptomatik: mindestens 6 Monate

Beurteilungsskala: nicht vorhanden (0) | leicht ausgeprägt, Kriterium nicht erfüllt (1) | deutlich ausgeprägt, Kriterium erfüllt (2) | sehr stark ausgeprägt (3)

A: Aufmerksamkeitsstörung

1. Beachtet häufig Einzelheiten nicht oder macht Flüchtigkeitsfehler bei den Schularbeiten, bei der Arbeit oder bei anderen Tätigkeiten.
2. Hat oft Schwierigkeiten, längere Zeit die Aufmerksamkeit bei Aufgaben oder Spielen aufrechtzuerhalten.
3. Scheint häufig nicht zuzuhören, wenn andere ihn/sie ansprechen.
4. Führt häufig Anweisungen anderer nicht vollständig durch und kann Schularbeiten, andere Arbeiten oder Pflichten am Arbeitsplatz nicht zu Ende bringen (nicht aufgrund oppositionellen Verhaltens oder Verständnisschwierigkeiten).
5. Hat häufig Schwierigkeiten, Aufgaben und Aktivitäten zu organisieren.
6. Vermeidet häufig oder hat eine Abneigung gegen oder beschäftigt sich häufig nur widerwillig mit Aufgaben, die länger andauernde geistige Anstrengungen erfordern (z. B. im Unterricht, Hausaufgaben).
7. Verliert häufig Gegenstände, die er/sie für bestimmte Aufgaben oder Aktivitäten benötigt (z. B. Spielsachen, Hausaufgabenhefte, Stifte, Bücher oder Werkzeug).
8. Lässt sich oft durch äußere Reize leicht ablenken.
9. Ist bei Alltagstätigkeiten häufig vergesslich.

Kennwert Aufmerksamkeitsstörungen (Summe der Beurteilungen/9):

Urteil: Anzahl erfüllter Kriterien (Ausprägung 2 oder 3)

B: Überaktivität

1. Zappelt häufig mit Händen und Füßen oder rutscht auf dem Stuhl herum.
2. Steht (oft) im Unterricht oder in anderen Situationen auf, in denen Sitzenbleiben erwartet wird.
3. Läuft häufig herum oder klettert exzessiv in Situationen, in denen dies unpassend ist. (Bei Jugendlichen oder Erwachsenen kann dies auf ein subjektives Unruhegefühl beschränkt bleiben).
4. Hat häufig Schwierigkeiten, ruhig zu spielen oder sich mit Freizeitaktivitäten ruhig zu beschäftigen.
5. [Zeigt ein anhaltendes Muster exzessiver motorischer Aktivität, das durch die soziale Umgebung oder durch Anforderungen nicht durchgreifend beeinflussbar ist].
5. [Ist häufig «auf Achse» oder handelt oftmals, als wäre er/sie «getrieben»].

Kennwert Überaktivität (Summe der Beurteilungen/5):

Urteil: Anzahl erfüllter Kriterien (Ausprägung 2 oder 3)

C: Impulsivität

1. Platzt häufig mit der Antwort heraus, bevor die Frage zu Ende gestellt ist.
2. Kann häufig nur schwer warten, bis er/sie an der Reihe ist [bei Spielen oder in Gruppensituationen].
3. Unterbricht oder stört andere häufig (z. B. platzt in die Unterhaltung oder Spiele anderer hinein).
4. Redet häufig übermässig viel (ohne angemessen auf soziale Beschränkungen zu reagieren) [im DSM-IV unter Überaktivität].

Kennwert Impulsivität (Summe der Beurteilungen/4):

Urteil: Anzahl erfüllter Kriterien (Ausprägung 2 oder 3)

Diagnose nach ICD-10 (Forschungskriterien)

alle Zusatzkriterien erfüllt
- Beginn vor dem 7. Lebensjahr
- Symptomausprägung in mehr als einer Situation (Familie, Schule, Untersuchung)
- Symptome verursachen Leiden / Beeinträchtigung der sozialen / schulischen / beruflichen Funktionsfähigkeit

mindestens 6 Kriterien erfüllt? — ja

nicht alle Kriterien erfüllt?
- **F90.9** Nicht näher bezeichnete hyperkinetische Störung
- **F90.0** Einfache Aktivitäts- und Aufmerksamkeitsstörung

mindestens 3 Kriterien erfüllt? — ja

Kriterien für eine Störung des Sozialverhaltens erfüllt? (siehe DCL-SSV)
- ja → **F90.1** Hyperkinetische Störung der Sozialverhaltens
- nein

mindestens 1 Kriterium erfüllt? — ja

Überaktive Störung mit Intelligenzminderung und Bewegungsstereotypien (ICD-10: F84.4)

A. Schwere motorische Überaktivität mit mindestens zwei der folgenden Merkmalen:
- Anhaltende motorische Ruhelosigkeit mit Laufen, Springen und anderen Bewegungen des ganzen Körpers.
- Deutliche Schwierigkeit, sitzen zu bleiben (bleibt höchstens wenige Sekunden ruhig sitzen, wenn nicht mit einer stereotypen Aktivität beschäftigt).
- Excessive Aktivität in Situationen, die eigentlich Ruhe erfordern.
- Sehr schnelle Aktivitätswechsel, so dass einzelne Tätigkeiten weniger als eine Minute dauern (ausgenommen bevorzugte oder stereotype Aktivitäten).

B. Repetitives und stereotypes Verhalten mit mindestens einem der folgenden Merkmale:
- Fixierte und häufig wiederholte motorische Manierismen (komplexe Bewegungen des ganzen Körpers oder Teilbewegungen, z. B. Schlagen mit den Händen).
- Exzessives und nichtfunktionales Wiederholen von stereotypen Aktivitäten, z. B. Spielen mit einzelnen Objekten (fliessendem Wasser) oder ritualisierte Aktivitäten.
- Wiederholte Selbstbeschädigung.

C. IQ unter 50

D. Kein Vorliegen des autistischen Typs sozialer Beeinträchtigungen. Das Kind muss mindestens drei der folgenden Verhaltensweisen zeigen:
- Entwicklungsgemäßer Gebrauch von Augenkontakt, Ausdruck und Haltung zur Regulation sozialer Interaktion.
- Entwicklungsgemäße Beziehungen zu Gleichaltrigen mit gemeinsamen Interessen, Aktivitäten usw.
- Kontaktaufnahme mit anderen Personen: wenigstens gelegentliche Suche nach Trost und Zuneigung bei anderen.
- Manchmal wird die Freude anderer geteilt.

E. Kein Ausschlusskriterium ist erfüllt.
- Kein Autismus (F84.0/F84.1).
- Keine Desintegrative Störung des Kindesalters (F84.3).
- Keine Hyperkinetische Störung (F90).
- Keine Angststörung (F41).

keine Ausschlusskriterien erfüllt:
- keine Tiefgreifende Entwicklungsstörung (F84)
- keine Manische Episode (F30)
- keine Depressive Episode (F32)
- keine Angststörung (F41)

F84.4 Überaktive Störung mit Intelligenzminderung und Bewegungsstereotypien

+ = trifft zu   ? = trifft fraglich zu   − = trifft nicht zu

3.5 Fremdbeurteilungsbogen für Aufmerksamkeits-defizit-/Hyperaktivitätsstörungen (FBB-ADHS)/ Fremdbeurteilungsbogen für Hyperkinetische Störungen (FBB-HKS)

Kurzbeschreibung

Beurteiler	Eltern oder Erzieher bzw. Lehrer
Altersbereich	gesamtes Kindes- und Jugendalter
Autoren	Döpfner & Lehmkuhl (2000) Döpfner, Görtz-Dorten & Lehmkuhl (2006)
Quelle	Bestandteil des Diagnostik-Systems für Psychische Störungen im Kindes- und Jugendalter nach ICD-10 und DSM-IV, DISYPS-KJ und der revidierten Fassung DISYPS-II
Bezug	Als Einzelverfahren erhältlich

Zielsetzung

Der *Fremdbeurteilungsbogen für Hyperkinetische Störungen (FBB-HKS) bzw. der Fremdbeurteilungsbogen für Aufmerksamkeitsdefizit-/Hyperaktivitätsstörungen (FBB-ADHS)* dient der Beurteilung der Diagnosekriterien für Hyperkinetische Störungen nach ICD-10 und für Aufmerksamkeitsdefizit-/Hyperaktivitätsstörungen nach DSM-IV durch Eltern, Erzieher oder Lehrer. Der FBB-ADHS stellt eine Weiterentwicklung des FBB-HKS dar.

Aufbau

Der *Fremdbeurteilungsbogen für Hyperkinetische Störungen (FBB-HKS)* ist Bestandteil des Diagnostik-Systems für Psychische Störungen im Kindes- und Jugendalter nach ICD-10 und DSM-IV (DISYPS-KJ). In der revidierten Fassung DISYPS-II (Döpfner et al., 2006) wurde der *Fremdbeurteilungsbogen für Aufmerksamkeitsdefizit-/Hyperaktivitätsstörungen (FBB-ADHS)* entwickelt. Das Diagnostiksystem DISYPS umfasst die im Kindes- und Jugendalter wichtigsten Störungsbereiche. DISYPS kombiniert drei Beurteilungsebenen miteinander – das klinische Urteil (in Diagnose-Checklisten, DCL), das Fremdurteil durch Eltern, Lehrer oder Erzieher (in Fremdbeurteilungsbögen, FBB) und das Selbsturteil des Kindes oder Jugendlichen ab dem Alter von 11 Jahren (anhand von Selbstbeurteilungsbögen).

Hinsichtlich der Items zur Erfassung von hyperkinetischen Störungen beziehungsweise von Aufmerksamkeitsdefizit-/Hyperaktivitätsstörungen sind der FBB-HKS und die revidierte Fassung FBB-ADHS identisch. Die Fragebögen enthalten alle Kriterien für die Diagnose einer hyperkinetischen Störung nach ICD-10 beziehungsweise einer Aufmerksamkeitsdefizit-/Hyperaktivitätsstörung nach DSM-IV. Sie bestehen aus 20 Items, welche die 18 Symptomkriterien erfassen. Das Kriterium B3 der Diagnose-Checkliste ist in zwei Items (Item 13 und Item 14) aufgeteilt und auch das Kriterium B5, das sich im ICD-10 und im DSM-IV inhaltlich unterscheidet, wird in zwei Items erfasst (Item 15 und Item 16).

Für jedes Item wird anhand von vierstufigen Antwortskalen beurteilt, wie zutreffend die Beschreibung ist (Symptomausprägung). Im FBB-HKS aus der ersten Fassung des DISYPS (Döpfner & Lehmkuhl, 2000) wird zudem auf beurteilt, wie problematisch das Verhalten (Problembelastung) erlebt wird. Da beide Urteile (Symptomausprägung und Problembelastung) auf Grund mehrere empirischer Studien sehr hoch miteinander korrelieren, wurde in der Revision des Verfahrens, im FBB-ADHS aus dem DISYPS-II (Döpfner et al., 2006) auf eine doppelte Beurteilung verzichtet.

Auf der Rückseite werden zusätzliche Diagnosekriterien erfasst. In den Items A1 bis A4 werden die Kriterien für die klinische Bedeutsamkeit nach ICD-10 bzw. DSM-IV erhoben. Die Items B1 bis B3 überprüfen den Generalisierungsgrad der Symptomatik auf verschiedene Lebensbereiche. In den Items B4 bis B5 werden Kriterien zum Störungsbeginn und zur Dauer der Symptomatik erfasst.

Bei der Revision des Verfahrens (DISYPS-II) wurden im FBB-ADHS 6 Items hinzugefügt, die Kompetenzen in dem Bereich Ausdauer, Aufmerksamkeit und Reflexivität erheben.

Anwendung

Der Fremdbeurteilungsbogen kann sowohl von den Eltern als auch von den Erziehern/Lehrern beurteilt werden. Eine Beurteilung sowohl durch die Eltern als auch durch Erzieher/Lehrer hilft den Generalisierungsgrad der Symptomatik zu überprüfen.

Durchführung

Da die Diagnose-Checkliste DCL-HKS (bzw. DCL-ADHS) (siehe Kap. 3.4), der Fremdbeurteilungsbogen FBB-ADHS (bzw. FBB-HKS) und der Selbstbeurteilungsbogen SBB-ADHS (bzw. SBB-HKS) (siehe Kap. 3.5 und 3.6) aufeinander bezogen sind und jeweils weitgehend identische Items enthalten, können die Angaben in den Fragebögen zur weitergehenden Exploration anhand der Diagnose-Checkliste genutzt werden und die Ergebnisse können miteinander verglichen werden.

Auswertung

Analog zu den Diagnose-Checklisten kann der Bogen kategorial und dimensional ausgewertet werden.

Die *kategoriale Auswertung* gibt Hinweise auf die Diagnose einer hyperkinetischen Störung nach ICD-10 oder nach DSM-IV auf der Grundlage der Elterneinschätzung. Für eine Diagnosestellung müssen die Symptomkriterien in den Diagnose-Checklisten jedoch durch einen Untersucher beurteilt werden.

Zur *dimensionalen Auswertung* werden analog zu den Diagnose-Checklisten Kennwerte gebildet, indem die Summe der entsprechenden Items durch die Anzahl der Items dividiert wird:

– Kennwert Aufmerksamkeitsstörungen: (Summe Item 1–9)/9
– Kennwert Überaktivität: (Summe Item 10–16)/7
– Kennwert Impulsivität: (Summe Item 17–20)/4
– Kennwert ADHS-Gesamt: (Summe Item 1–20)/20

Im FBB-ADHS können diese Kennwerte über die Itembeurteilungen zur Symptomausprägung gebildet werden. In der älteren Fassung, dem FBB-HKS, können zudem die Kennwerte auch über die Itembeurteilungen zur Problembelastung ermittelt werden. Insgesamt ergeben sich damit im FBB-HKS acht Kennwerte. Da Problembelastung und Symptomausprägung sehr hoch miteinander korrelieren wird auch für die ältere Fassung, dem FBB-HKS, empfohlen, nur noch die Kennwerte zur Symptomausprägung zu ermitteln.

Die bei der Revision des Verfahrens (DISYPS-II) im FBB-ADHS hinzugefügten 6 Items werden zusammengefasst zu dem:

– Kennwert Ausdauer, Aufmerksamkeit und Reflexivität (Summe Item K1
  bis K6)

Die Kennwerte eignen sich:

– zur Bestimmung der Stärke der Symptomausprägung
– zum Vergleich zwischen verschiedenen Beurteilern (Eltern, Erzieher/
  Lehrer und klinisches Urteil in der Diagnose-Checkliste)
– zur Überprüfung von Therapieeffekten im Rahmen der Verlaufskontrolle.

Außerdem ist eine inhaltliche Auswertung auf Item-Ebene für klinische
Zwecke ausgesprochen informativ und kann wertvolle Anhaltspunkte
für eine Vertiefung der Exploration der Eltern, Erzieher oder Lehrer geben.

**Reliabilität
und Validität**

International liegen mittlerweile einige Studien mit Eltern- und Lehrer-
fragebögen für Aufmerksamkeitsdefizit-/Hyperaktivitätsstörungen nach
DSM-IV zur Reliabilität und Validität der Skalen vor (vgl. Döpfner & Lehmkuhl, 2000; Brühl et al., 2000). Die in diesen Studien durchgeführten Faktorenanalysen unterstützen durchgehend die Bildung der beiden Subtypen
„überwiegend unaufmerksam" und „überwiegend hyperaktiv-impulsiv"
durch DSM-IV. Die internen Konsistenzen liegen in diesen Studien über
$\alpha = .78$, meist deutlich über $\alpha = .80$ und sind damit zumindest als befrie-
digend einzuschätzen. In allen Studien zeigen Jungen höhere Auffälligkeiten als Mädchen.

In der deutschen Fassung wurden umfangreiche Analysen mit Vorformen des Fremdbeurteilungsbogens durchgeführt (Döpfner & Lehmkuhl,
2000). Mit der Endfassung des Fremdbeurteilungsbogens FBB-HKS wurde das Elternurteil in repräsentativen und klinischen Stichproben erhoben.

Brühl et al. (2000) untersuchten in einer Feldstichprobe (n = 165) das
Elternurteil über Kinder im Alter von sechs bis zehn Jahren. Anhand
von Faktorenanalysen der Intensitätsbeurteilungen (Hauptkomponen-
ten-Analysen mit Varimax-Rotation) konnten drei Faktoren mit einem
Eigenwert > 1 extrahiert werden, die eine Gesamtvarianz von 59,6 % auf-
klären. Die dreifaktorielle Lösung spiegelt die von den Klassifikationssystemen postulierte Einteilung in die drei Dimensionen Aufmerksamkeitsstörung, Hyperaktivität und Impulsivität wieder. Entsprechend diesen
Ergebnissen und der inhaltlichen Einteilung der Klassifikationssysteme
wurden die Skalen *Unaufmerksamkeit, Hyperaktivität, Impulsivität* und
ein *Gesamtauffälligkeitswert* gebildet und deren interne Konsistenz be-
stimmt.

Tabelle 4: Interne Konsistenzen der Skalen des Fremdbeurteilungsbogen für
hyperkinetische Störungen (FBB-HKS)/Elternurteil (Symptomausprägung) (aus Brühl et al., 2000)

Skalen	Alpha	Spannweite der Trennschärfen
Unaufmerksamkeit	.88	.52–.72
Hyperaktivität	.89	.66–.80
Impulsivität	.78	.53–.66
Gesamt	.93	.47–.77

Wie Tabelle 4 zu entnehmen ist, liegen die Konsistenzwerte der Skalen auf der Basis der Intensitätsbeurteilungen mit $r_{tt} = .78$ bis .93 durchweg im guten bis sehr guten Bereich. Damit können sowohl die Gesamtskala als auch die drei Subskalen als hinreichend intern konsistent bezeichnet werden. Bei keiner der Skalen konnte die interne Konsistenz durch Elimination einzelner Items erhöht werden. Die Trennschärfen der einzelnen Items fallen mit Werten über $r = .45$ ebenfalls gut aus. Die Reliabilitäten der Problembelastungsskalen entsprechen weitgehend denen der Skalen zur Symptomausprägung.

Die Korrelationen zwischen den Skalen zur Symptomausprägung und zur Problembelastung ergaben durchweg sehr hohe Koeffizienten mit Werten zwischen $r = .86$ und $r = .94$. Die Korrelationen zwischen den einzelnen Symptomausprägungsskalen fallen mit $r = .64$ *(Hyperaktivität* mit *Impulsivität, Unaufmerksamkeit* mit *Impulsivität)* und $r = .74$ *(Hyperaktivität* mit *Unaufmerksamkeit)* relativ hoch aus. Die Korrelationen der Problembelastungsskalen ergaben weitgehend entsprechende Werte von $r = .66$ bis $r = .70$.

Auf allen Skalen werden Jungen von ihren Eltern im Vergleich zu Mädchen statistisch signifikant auffälliger beurteilt. Die Effektstärken liegen mit Werten von 0,58 bis 0,80 nach den Kriterien von Cohen (1988) im mittleren Bereich.

Görtz et al. (2002) untersuchten den Fremdbeurteilungsbogen für Hyperkinetische Störungen (FBB-HKS) und den Selbstbeurteilungsbogen für Hyperkinetische Störungen (SBB-HKS) in einer Feldstichprobe (n = 166), einer klinischen Stichprobe (n = 15) und einer Unauffälligenstichprobe (n = 14) von Jugendlichen im Alter von elf bis 18 Jahren. Die a priori-Skalen des Fremdurteilsfragebogens erwiesen sich auch bei den 11- bis 18-Jährigen als intern konsistent (siehe Tabelle 5).

Tabelle 5: Interne Konsistenzen der Symptomausprägungsskalen des Elternurteils im Fremdbeurteilungsbogen für Hyperkinetische Störungen (FBB-HKS) in drei Stichproben

Skalen	REP	KLIN	UNAUF
Unaufmerksamkeit	.85	.84	.85
Hyperaktivität	.78	.83	.32
Impulsivität	.83	.95	.86
Gesamt	.90	.84	.86

Anmerkungen: REP = repräsentative Stichprobe (n = 166)
KLIN = klinische Stichprobe (n = 15)
UNAUF = unauffällige Stichprobe

Die Skalen des Fremdbeurteilungsbogens korrelieren untereinander im mittleren bis höheren Bereich.

Breuer & Döpfner (2005) überprüften die Reliabilität und Validität Lehrerurteils anhand des FBB-HKS in mehreren Studien. Die Subskalen erwiesen sich dabei als hineichend intern konsistent ($\alpha > .90$). Die Einschätzungen von zwei unabhängig beurteilenden Lehrern korrelierten auf den korrespondierenden Skalen ebenfalls hoch miteinander ($r = .70$). Zwischen den Einschätzungen der Lehrer auf diesem Fragebogen und den Beurteilungen der Lehrer im Fragebogen zur Verhaltensbeurteilung im Unterricht (FVU) (siehe Kap. 5.4) und im Conners-Fragebogen konnten ebenfalls hohe Korrelationen ermittelt werden.

Das Verfahren ist änderungssensitiv. In mehreren kontrollierten Studien zur Wirksamkeit von Methylphenidat, von Verhaltenstherapie und von multimodaler Therapie konnten mit dieser Fassung und mit Vorfassungen sowohl im Elternurteil als auch im Lehrerurteil deutliche Therapieeffekte nachgewiesen werden (Döpfner et al., 2003, 2004a, b).

Diese Ergebnisse werden mit der neuen Fassung, dem FBB-ADHS bestätigt (Döpfner et al., 2006; Görtz-Dorten et al., 2006): Sowohl die Auffälligkeit-Skalen als auch die Kompetenzskala erweisen sich als faktoriell valide und intern konsistent.

Normen und Grenzwerte

Eine Neu-Normierung liegt für das Elternurteil im FBB-ADHS bei Kindern und Jugendlichen im Alter von 4 bis 18 Jahren vor (Döpfner et al., 2006; Görtz-Dorten & Döpfner, 2006). Im Manual zum Diagnostik-System DI-SYPS-II (Döpfner et al., in Vorbereitung) werden alters- und geschlechtsspezifische Normen mitgeteilt. Hier werden die Grenzwerte für 4- bis 6-jährige, 7- bis 10-jährige, 11- bis 13-jährige und 14- bis 17-jährige Jungen und Mädchen dargestellt.

Kennwerte (Symptomstärke):

AUF   = Kennwert Aufmerksamkeitsstörungen: (Summe Item 1–9)/9
HYP   = Kennwert Überaktivität: (Summe Item 10–16)/7
IMP   = Kennwert Impulsivität: (Summe Item 17–20)/4
TOTAL = Kennwert ADHS-Gesamt: (Summe Item 1–20)/20

Normtabelle 2: Grenzwerte für FBB-ADHS-Kennwerte – Elternurteil (Symptomstärke); (können auf FBB-HKS-Symptomstärke angewandt werden.); (m = männlich, w = weiblich)

Jungen und Mädchen 4–6 Jahre

Auffälligkeit	AUF		HYP		IMP		TOTAL	
	m	w	m	w	m	w	m	w
Auffällig (PR > 96)	> 2,1	> 1,7	> 2,5	> 1,7	> 2,5	> 2,0	> 2,2	> 1,7
Grenzbereich (PR 90–96)	> 1,4	> 1,3	> 1,5	> 1,2	> 1,7	> 1,5	> 1,4	> 1,2
Erhöht (PR 78–89)	> 0,8	> 0,7	> 0,8	> 0,7	> 1,0	> 1,2	> 0,8	> 0,7

Jungen und Mädchen 7–10 Jahre

Auffälligkeit	AUF		HYP		IMP		TOTAL	
	m	w	m	w	m	w	m	w
Auffällig (PR > 96)	> 2,2	> 2,2	> 2,1	> 1,5	> 2,3	> 2,0	> 2,1	> 1,8
Grenzbereich (PR 90–96)	> 1,8	> 1,4	> 1,5	> 0,7	> 1,5	> 1,2	> 1,6	> 1,1
Erhöht (PR 78–89)	> 1,2	> 0,7	> 0,7	> 0,4	> 0,7	> 1,0	> 1,0	> 0,6

Jungen und Mädchen 11–13 Jahre

Auffälligkeit	AUF		HYP		IMP		TOTAL	
	m	w	m	w	m	w	m	w
Auffällig (PR > 96)	> 2,4	> 2,2	> 1,8	> 1,1	> 2,2	> 2,0	> 2,0	> 1,4
Grenzbereich (PR 90–96)	> 2,2	> 1,4	> 1,4	> 0,7	> 1,5	> 1,0	> 1,7	> 0,8
Erhöht (PR 78–89)	> 1,5	> 0,7	> 0,7	> 0,2	> 1,0	> 0,7	> 1,1	> 0,5

Jungen und Mädchen 14–17 Jahre

Auffälligkeit	AUF		HYP		IMP		TOTAL	
	m	w	m	w	m	w	m	w
Auffällig (PR > 96)	> 2,2	> 1,2	> 1,4	> 1,0	> 2,5	> 2,0	> 1,6	> 1,0
Grenzbereich (PR 90–96)	> 1,6	> 1,0	> 0,8	> 0,5	> 1,5	> 1,2	> 1,2	> 0,8
Erhöht (PR 78–89)	> 0,8	> 0,6	> 0,4	> 0,4	> 0,5	> 0,7	> 0,7	> 0,6

Literatur

Breuer, D. & Döpfner, M. (2004). *Die Erfassung von Merkmalen einer Auf-merksamkeitsdefizit-/Hyperaktivitätsstörung anhand von Lehrerurteilen im Unterricht – zur Reliabilität und Validität des FBB-HKS.* Manuskript eingereicht zur Publikation.

Brühl, B. (2000). Der Fremdbeurteilungsbogen für hyperkinetische Störungen (FBB-HKS) – Prävalenz hyperkinetischer Störungen im Elternurteil und psychometrische Kriterien. *Kindheit und Entwicklung, 9,* 116–126.

Döpfner, M., Banaschewski, T., Schmidt, J., Uebel, H., Schmeck, K., Gerber, W. D., Günter, M., Knölker, U., Gehrke, M., Häßler, F., Möhler, E., Brünger, M., Ose, C., Fischer, R., Poustka, F., Lehmkuhl, G. & Rothenberger, A. (2003). Langzeitwirksames Methylphenidat bei Kindern mit Aufmerksamkeitsdefizit-Hyperaktivitätsstörungen – Eine multizentrische Studie. *Nervenheilkunde, 22,* 85–92.

Döpfner, M., Gerber, W. D., Banaschewski, T., Breuer, D., Freisleder, F. J., Gerber-von Müller, G., Günter, M., Hässler, F., Ose, C., Schmeck, K., Sinzig, J., Stadler, C., Uebel, H. & Lehmkuhl, G. (2004a). Comparative efficacy of once-a-day extended-release methylphenidate, two-times-daily immediate-release methylphenidate, and placebo in a laboratory school setting. *European Child & Adolescent Psychiatry, 12,* I 93–I 101.

Döpfner, M., Breuer, D., Schürmann, S., Wolff Metternich, T., Rademacher, C. & Lehmkuhl, G. (2004b). Effectiveness of an adaptive multimodal treatment in children with Attention Deficit Hyperactivity Disorder – global outcome. *European Child & Adolescent Psychiatry, 12,* I 117–I 129.

Döpfner, M., Frölich, J. & Lehmkuhl, G. (2000a). *Hyperkinetische Störungen.* Göttingen: Hogrefe.

Döpfner, M., Görtz-Dorten, A. & Lehmkuhl, G. (2006). *Diagnostik-System für Psychische Störungen im Kindes- und Jugendalter nach ICD-10 und DSM-IV (DISYPS-II).* (3. revidierte Aufl.). Bern: Huber.

Döpfner, M. & Lehmkuhl, G. (2000). *Diagnostik-System für Psychische Störungen im Kindes- und Jugendalter nach ICD-10 und DSM-IV* (DISYPS-KJ), 2. korrigierte und ergänzte Auflage. Bern: Huber.

Görtz, A., Döpfner, M., Nowak, A., Bonus, B. & Lehmkuhl, G. (2002). Ist das Selbsturteil Jugendlicher bei der Diagnostik von Aufmerksamkeitsdefizit-/Hyperaktivitätsstörungen hilfreich? Eine Analyse mit dem Diagnostiksystem DISYPS. *Kindheit und Entwicklung, 11,* 82–89.

Görtz-Dorten, A. & Döpfner, M. (2006). Reliabilität und faktorielle Validitiät des Elternurteils im Fremdbeurteilungsbogen ADHS (FBB-ADHS). *Manuskript, eingereicht zur Publikation.*

DISYPS-II
Beurteilungsbogen für Eltern, Lehrer/-innen und Erzieher/-innen (FBB-ADHS)

Name des Kindes: _____ Alter: _____ Datum: _____

beurteilt von: ○ Vater   ○ Mutter   ○ Lehrer/-in: _____

○ anderer Person: _____

Kreuzen Sie bitte für jede Beschreibung die Zahl an, die angibt, wie zutreffend diese Beschreibung für das Kind bzw. die/den Jugendliche/n ist.

Wie zutreffend war die Beschreibung?

	gar nicht	ein wenig	weitgehend	besonders
01. Beachtet bei den Schularbeiten, bei anderen Tätigkeiten oder bei der Arbeit häufig Einzelheiten nicht oder macht häufig Flüchtigkeitsfehler.	0	1	2	3
02. Hat bei Aufgaben oder Spielen oft Schwierigkeiten, die Aufmerksamkeit längere Zeit aufrecht zu erhalten (dabei zu bleiben).	0	1	2	3
03. Scheint häufig nicht zuzuhören, wenn andere sie/ihn ansprechen.	0	1	2	3
04. Kann häufig Aufträge von anderen nicht vollständig durchführen und kann Schularbeiten, andere Arbeiten oder Pflichten am Arbeitsplatz häufig nicht zu Ende bringen.	0	1	2	3
05. Hat häufig Schwierigkeiten, Aufgaben und Aktivitäten zu organisieren.	0	1	2	3
06. Hat eine Abneigung gegen Aufgaben, bei denen sie/er sich länger konzentrieren und anstrengen muss (z. B. Hausaufgaben). Vermeidet diese Aufgaben oder macht sie nur widerwillig.	0	1	2	3
07. Verliert häufig Gegenstände, die sie/er für bestimmte Aufgaben oder Aktivitäten benötigt (z.B. Spielsachen, Hausaufgabenhefte, Stifte, Bücher oder Werkzeug).	0	1	2	3
08. Lässt sich oft durch ihre/seine Umgebung (äußere Reize) leicht ablenken.	0	1	2	3
09. Ist bei Alltagstätigkeiten häufig vergesslich (z. B. vergisst Schulsachen oder Kleidungsstücke).	0	1	2	3
10. Zappelt häufig mit Händen und Füßen oder rutscht häufig auf dem Stuhl herum.	0	1	2	3
11. Steht oft im Unterricht oder in anderen Situationen auf, in denen sitzen bleiben erwartet wird.	0	1	2	3
12. Hat häufig Schwierigkeiten, ruhig zu spielen oder sich mit Freizeitaktivitäten ruhig zu beschäftigen.	0	1	2	3
13. Läuft häufig herum oder klettert permanent, wenn es unpassend ist.	0	1	2	3
14. Beschreibt ein häufig auftretendes starkes Gefühl der inneren Unruhe (besonders bei Jugendlichen).	0	1	2	3
15. Zeigt durchgängig eine extreme Unruhe, die durch die Umgebung oder durch Aufforderungen nicht dauerhaft beeinflussbar ist.	0	1	2	3
16. Ist häufig «auf Achse» oder handelt oft, als wäre sie/er angetrieben.	0	1	2	3
17. Platzt häufig mit der Antwort heraus, bevor Fragen zu Ende gestellt sind.	0	1	2	3
18. Kann häufig nur schwer warten, bis sie/er an der Reihe ist (z. B. bei Spielen oder in einer Gruppe).	0	1	2	3
19. Unterbricht oder stört andere häufig (z. B. platzt in die Unterhaltung oder Spiele anderer hinein).	0	1	2	3
20. Redet häufig übermäßig viel.	0	1	2	3

Bitte wenden

	Wie zutreffend war die Beschreibung?			
	gar nicht	ein wenig	weitgehend	besonders

Beantworten Sie bitte zusätzlich folgende Fragen (A1 bis B5), wenn zumindest eines der beschriebenen Verhaltensprobleme für das Kind / die (den) Jugendliche(n) zutrifft.

A1. Die beschriebenen Verhaltensprobleme sind insgesamt sehr belastend.

A2. Bei Schulkindern und berufstätigen Jugendlichen: Die beschriebenen Verhaltensprobleme beeinträchtigen die schulische oder berufliche Leistungsfähigkeit erheblich.

Bei Vorschulkindern: Die beschriebenen Verhaltensprobleme beeinträchtigen die Fähigkeit des Kindes erheblich, intensiv und ausdauernd zu spielen oder sich selbst zu beschäftigen.

A3. Die beschriebenen Verhaltensprobleme beeinträchtigen die Beziehungen zu Erwachsenen (Eltern, Erziehern, Lehrern) erheblich.

A4. Die beschriebenen Verhaltensprobleme beeinträchtigen die Beziehungen zu anderen Kindern bzw. Jugendlichen erheblich.

B1. Die beschriebenen Verhaltensprobleme treten in der Familie auf.

B2. Die beschriebenen Verhaltensprobleme treten im Kindergarten bzw. in der Schule auf.

B3. Die beschriebenen Verhaltensprobleme treten außerhalb der Familie und des Kindergartens bzw. der Schule auf (z. B. Freizeitgruppen oder wenn das Kind zu Besuch ist).

B4. Die beschriebenen Verhaltensprobleme haben vor dem Alter von 7 Jahren begonnen.

B5. Die beschriebenen Verhaltensprobleme bestehen seit mindestens 6 Monaten.

Frage	gar nicht	ein wenig	weitgehend	besonders
A1	0	1	2	3
A2	0	1	2	3
A3	0	1	2	3
A4	0	1	2	3
B1	0	1	2	3
B2	0	1	2	3
B3	0	1	2	3

B4. 0 stimmt nicht / 1 stimmt

B5. 0 stimmt nicht / 1 stimmt

	Wie zutreffend war die Beschreibung?			
	gar nicht	ein wenig	weitgehend	besonders

Bitte beantworten Sie abschließend noch die folgenden 6 Fragen.

Frage	gar nicht	ein wenig	weitgehend	besonders
K1. Achtet bei Hausaufgaben auf die Details. Ist sehr exakt und genau.	0	1	2	3
K2. Kann sich gut in etwas festbeißen bis es erledigt ist.	0	1	2	3
K3. Hat Spaß an Beschäftigungen, bei denen sie / er sich konzentrieren muss.	0	1	2	3
K4. Bringt ihre / seine Aufgaben zügig zu Ende.	0	1	2	3
K5. Kann sich ruhig, intensiv und lange mit einer Sache beschäftigen.	0	1	2	3
K6. Überlegt, bevor sie / er handelt.	0	1	2	3

Vielen Dank für Ihre Mitarbeit

3.6 Selbstbeurteilungsbogen für Aufmerksamkeitsdefizit-/ Hyperaktivitätsstörungen (SBB-ADHS)/ Selbstbeurteilungsbogen für Hyperkinetische Störungen (SBB-HKS)

Kurzbeschreibung

Beurteiler	Kinder und Jugendliche
Altersbereich	11–18 Jahre
Autoren	Döpfner & Lehmkuhl (2000) Döpfner, Görtz-Dorten & Lehmkuhl (2006)
Quelle	Bestandteil des Diagnostik-Systems für Psychische Störungen im Kindes- und Jugendalter nach ICD-10 und DSM-IV, DISYPS-KJ und der revidierten Fassung DISYPS-II
Bezug	Als Einzelverfahren erhältlich

Zielsetzung

Der *Selbstbeurteilungsbogen für Hyperkinetische Störungen (SBB-HKS)* bzw. der *Selbstbeurteilungsbogen für Aufmerksamkeitsdefizit-/Hyperaktivitätsstörungen (SBB-ADHS)* dient der Beurteilung der Diagnosekriterien für Hyperkinetische Störungen nach ICD-10 und für Aufmerksamkeitsdefizit-/Hyperaktivitätsstörungen nach DSM-IV durch Kinder und Jugendliche ab dem Alter von 11 Jahren. Der SBB-ADHS stellt eine Weiterentwicklung des SBB-HKS dar.

Aufbau

Der *Selbstbeurteilungsbogen für Hyperkinetische Störungen (SBB-HKS)* ist Bestandteil des Diagnostik-Systems für Psychische Störungen im Kindes- und Jugendalter nach ICD-10 und DSM-IV (DISYPS-KJ). In der revidierten Fassung DISYPS-II (Döpfner et al., 2006) wurde der *Fremdbeurteilungsbogen für Aufmerksamkeitsdefizit-/Hyperaktivitätsstörungen (FBB-ADHS)* entwickelt. Das Diagnostiksystem DISYPS umfasst die im Kindes- und Jugendalter wichtigsten Störungsbereiche. DISYPS-KJ kombiniert drei Beurteilungsebenen miteinander – das klinische Urteil (in Diagnose-Checklisten, DCL), das Fremdurteil durch Eltern, Lehrer oder Erzieher (in Fremdbeurteilungsbögen, FBB) und das Selbsturteil des Kindes oder Jugendlichen ab dem Alter von 11 Jahren (anhand von Selbstbeurteilungsbögen).

Für jedes Item wird anhand von vierstufigen Antwortskalen beurteilt, wie zutreffend die Beschreibung ist (Symptomausprägung). Im FBB-HKS aus der ersten Fassung des DISYPS (Döpfner & Lehmkuhl, 2000) wird zudem auf beurteilt, wie problematisch das Verhalten (Problembelastung) erlebt wird. Da beide Urteile (Symptomausprägung und Problembelastung) auf Grund mehrerer empirischer Studien sehr hoch miteinander korrelieren, wurde in der Revision des Verfahrens, im FBB-ADHS aus dem DISYPS-II (Döpfner et al., 2006) auf eine doppelte Beurteilung verzichtet.

Hinsichtlich der Items zur Erfassung von hyperkinetischen Störungen beziehungsweise von Aufmerksamkeitsdefizit-/Hyperaktivitätsstörungen sind der SBB-HKS und die revidierte Fassung SBB-ADHS identisch. Die Fragebögen enthalten alle Kriterien für die Diagnose einer hyperkinetischen Störung nach ICD-10 beziehungsweise einer Aufmerksamkeitsdefizit-/

Hyperaktivitätsstörung nach DSM-IV. Wie der Fremdbeurteilungsbogen (siehe Kap. 2.5) besteht auch der Selbstbeurteilungsbogen aus 20 Items, welche die 18 Symptomkriterien erfassen. Das Kriterium B3 der Diagnose-Checkliste ist in zwei Items (Item 13 und Item 14) aufgespalten und auch das Kriterium B5, das sich im ICD-10 und im DSM-IV inhaltlich unterscheidet, wird in zwei Items erfasst (Item 15 und Item 16).

Der Patient beurteilt für jedes Item anhand von vierstufigen Antwortskalen, wie zutreffend die Beschreibung ist (Symptomausprägung). Im SBB-HKS aus der ersten Fassung des DISYPS (Döpfner & Lehmkuhl, 2000) beurteilt der Patient zudem, wie problematisch er dieses Verhalten selbst erlebt (Problembelastung). Da beide Urteile (Symptomausprägung und Problembelastung) auf Grund mehrere empirischer Studien sehr hoch miteinander korrelieren, wurde in der Revision des Verfahrens, im SBB-ADHS aus dem DISYPS-II (Döpfner et al., 2006) auf eine doppelte Beurteilung verzichtet. Im Unterschied zum Fremdbeurteilungsbogen werden beim Selbstbeurteilungsbogen keine zusätzlichen Diagnosekriterien erhoben.

Bei der Revision des Verfahrens (DISYPS-II) wurden im SBB-ADHS 6 Items hinzugefügt, die Kompetenzen in dem Bereich Ausdauer, Aufmerksamkeit und Reflexivität erheben.

Anwendung

Vorraussetzung für die Anwendung ist eine hinreichende Lesefähigkeit des Kindes oder Jugendlichen.

Durchführung

Da die Diagnose-Checkliste DCL-ADHS (bzw. DCL-HKS) (siehe Kap. 3.4), der Fremdbeurteilungsbogen FBB-ADHS (bzw. FBB-HKS) (siehe Kap. 3.5) und der Selbstbeurteilungsbogen SBB-ADHS (bzw. SBB-HKS) (siehe Kap. 3.6) aufeinander bezogen sind und jeweils weitgehend identische Items enthalten, können die Angaben in den Fragebögen zur weitergehenden Exploration anhand der Diagnose-Checkliste genutzt werden und die Ergebnisse können miteinander verglichen werden.

Auswertung

Analog zu den Diagnose-Checklisten kann der Bogen kategorial und dimensional ausgewertet werden.

Die *kategoriale Auswertung* gibt Hinweise auf die Diagnose einer hyperkinetischen Störung nach ICD-10 oder nach DSM-IV auf der Grundlage der Elterneinschätzung. Für eine Diagnosestellung müssen die Symptomkriterien in den Diagnose-Checklisten jedoch durch einen Untersucher beurteilt werden.

Zur *dimensionalen Auswertung* werden analog zu den Diagnose-Checklisten und dem Fremdbeurteilungsbogen Kennwerte gebildet, indem die Summe der entsprechenden Items durch die Anzahl der Items dividiert wird:

– Kennwert Aufmerksamkeitsstörungen: (Summe Item 1–9)/9
– Kennwert Überaktivität: (Summe Item 10–16)/7
– Kennwert Impulsivität: (Summe Item 17–20)/4
– Kennwert ADHS-gesamt: (Summe Item 1–20)/20

Im SBB-ADHS können diese Kennwerte über die Itembeurteilungen zur Symptomausprägung gebildet werden. In der älteren Fassung, dem SBB-HKS, können zudem die Kennwerte auch über die Itembeurteilungen zur Problembelastung ermittelt werden. Insgesamt ergeben sich damit im SBB-HKS acht Kennwerte. Da Problembelastung und Symptomausprägung sehr hoch miteinander korrelieren wird auch für die ältere Fassung, dem SBB-HKS, empfohlen, nur noch die Kennwerte zur Symptomausprägung zu ermitteln.

Die bei der Revision des Verfahrens (DISYPS-II) im SBB-ADHS hinzugefügten 6 Items werden zusammengefasst zu dem:

– Kennwert Ausdauer, Aufmerksamkeit und Reflexivität (Summe Item K1 bis K6)

Die Kennwerte eignen sich:

– zur Bestimmung der Stärke der Symptomausprägung aus der Sicht des Patienten
– zum Vergleich zwischen verschiedenen Beurteilern (Eltern, Erzieher/Lehrer und klinisches Urteil in der Diagnose-Checkliste)
– zur Überprüfung von Therapieeffekten im Rahmen der Verlaufskontrolle aus der Sicht des Patienten.

Außerdem ist eine inhaltliche Auswertung auf Item-Ebene für klinische Zwecke ausgesprochen informativ. Die Angaben im Selbsturteilbogen sind vor allem wichtig, um zu prüfen, wie Verhaltensauffälligkeiten, die von Eltern oder Lehrern beschrieben werden auch vom Patienten selbst wahrgenommen werden. Wenn der Patient selbst Auffälligkeiten beschreibt, dann ist eine gute Basis für die therapeutische Arbeit mit dem Patienten gegeben. Die Angaben des Patienten können wichtige Anhaltspunkte für eine vertiefende Exploration bilden.

Reliabilität und Validität

International liegen wenige Studien zur Erfassung von Hyperkinetische Störungen oder Aufmerksamkeitsdefizit-/Hyperaktivitätsstörungen im Selbsturteil von Kindern und Jugendlichen vor. Görtz et al. (2002) untersuchten den Fremdbeurteilungsbogen für Hyperkinetische Störungen (FBB-HKS) und den Selbstbeurteilungsbogen für Hyperkinetische Störungen (SBB-HKS) in einer Feldstichprobe (n = 166), einer klinischen Stichprobe (n = 15) und einer Unauffälligenstichprobe (n = 14) von Jugendlichen im Alter von elf bis 18 Jahren. Die a priori-Skalen des Selbsturteilsfragbogens erwiesen sich als intern konsistent (siehe Tabelle 6).

Tabelle 6: Interne Konsistenzen der Skalen des Elternurteils im Fremdbeurteilungsbogen für Hyperkinetische Störungen (FBB-HKS) und des Selbsturteil im Selbstbeurteilungsbogen für Hyperkinetische Störungen (SBB-HKS) (Symptomausprägungsskalen) in drei Stichproben

Skalen	REP	KLIN	UNAUF
Unaufmerksamkeit	.74	.87	.82
Hyperaktivität	.69	.84	.03
Impulsivität	.75	.94	.84
Gesamt	.87	.82	.74

Anmerkungen: REP = repräsentative Stichprobe (n = 166)
KLIN = klinische Stichprobe (n = 15)
UNAUF = unauffällige Stichprobe

Die Skalen des Selbstbeurteilungsbogens korrelieren untereinander im mittleren bis höheren Bereich. Zwischen den korrespondierenden Skalen von Eltern- und Selbsturteil lassen sich mittlere bis höhere Korrelationen errechnen. In der Feldstichprobe liegt das Selbsturteil eher über dem Elternurteil; in klinischen Stichproben ist das Gegenteil der Fall.

Diese Ergebnisse werden mit der neuen Fassung, dem SBB-ADHS weitgehend bestätigt (Döpfner et al., in Vorbereitung; Görtz-Dorten & Döpfner,
2005): Sowohl die Auffälligkeit-Skalen als auch die Kompetenzskala erweisen sich als faktoriell valide und intern konsistent.

Normen und Grenzwerte

Eine Neu-Normierung liegt für das Selbsturteil im SBB-ADHS bei Kindern
und Jugendlichen im Alter von 11 bis 18 Jahren vor (Döpfner et al., 2005;
Görtz-Dorten et al., 2006). Im Manual zum Diagnostik-System DISYPS-II
(Döpfner et al., 2006) werden alters- und geschlechtsspezifische Normen
mitgeteilt. Hier werden die Grenzwerte für 11- bis 13-jährige und 14- bis
17-jährige Jungen und Mädchen dargestellt.

Kennwerte (Symptomstärke):

AUF = Kennwert Aufmerksamkeitsstörungen: (Summe Item 1–9)/9
HYP = Kennwert Überaktivität: (Summe Item 10–16)/7
IMP = Kennwert Impulsivität: (Summe Item 17–20)/4
TOTAL = Kennwert ADHS-Gesamt: (Summe Item 1–20)/20

Normtabelle 3: Grenzwerte für SBB-ADHS-Kennwerte (Symptomstärke); (können auf SBB-HKS-Symptomstärke angewandt werden); (m =
männlich, w = weiblich)

Jungen und Mädchen 11–13 Jahre

Auffälligkeit	AUF		HYP		IMP		TOTAL	
	m	w	m	w	m	w	m	w
Auffällig (PR > 96)	> 1,8	> 1,6	> 2,0	> 1,4	> 2,7	> 2,0	> 1,8	> 1,5
Grenzbereich (PR 90–96)	> 1,4	> 1,1	> 1,1	> 0,7	> 2,0	> 1,5	> 1,3	> 1,0
Erhöht (PR 78–89)	> 1,3	> 0,7	> 0,8	> 0,5	> 1,0	> 1,2	> 1,1	> 0,6

Jungen und Mädchen 14–17 Jahre

Auffälligkeit	AUF		HYP		IMP		TOTAL	
	m	w	m	w	m	w	m	w
Auffällig (PR > 96)	> 1,5	> 1,5	> 1,4	> 1,4	> 2,2	> 2,0	> 1,5	> 1,2
Grenzbereich (PR 90–96)	> 1,3	> 1,1	> 0,8	> 0,8	> 1,2	> 1,5	> 1,2	> 0,9
Erhöht (PR 78–89)	> 1,1	> 0,7	> 0,7	> 0,5	> 1,0	> 1,0	> 0,8	> 0,8

Literatur

Döpfner, M., Frölich, J. & Lehmkuhl, G. (2000a). *Hyperkinetische Störungen*. Göttingen: Hogrefe.
Döpfner, M. & Lehmkuhl, G. (2000). *Diagnostik-System für Psychische Störungen im Kindes- und Jugendalter nach ICD-10 und DSM-IV (DISYPS-
KJ)*, 2. korrigierte und ergänzte Auflage. Bern: Huber.

Döpfner, M., Görtz-Dorten, A. & Lehmkuhl, G. (2006). *Diagnostik-System für Psychische Störungen im Kindes- und Jugendalter nach ICD-10 und DSM-IV (DISYPS-II).* (3. revidierte Aufl.). Bern: Huber.

Görtz, A., Döpfner, M., Nowak, A., Bonus, B. & Lehmkuhl, G. (2002). Ist das Selbsturteil Jugendlicher bei der Diagnostik von Aufmerksamkeitsdefizit-/Hyperaktivitätsstörungen hilfreich? Eine Analyse mit dem Diagnostiksystem DISYPS. *Kindheit und Entwicklung, 11,* 82–89.

Görtz-Dorten, A. & Döpfner, M. (2006). *Reliabilität und faktorielle Validität des Elternurteils im Fremdbeurteilungsbogen ADHS (FBB-ADHS). Manuskript, eingereicht zur Publikation.*

DISYPS-II

Beurteilungsbogen für Kinder und Jugendliche (SBB-ADHS)

Name: Alter: Geschlecht: Datum:

Schultyp/Art der Berufsausbildung: Klasse:

Kreuze bitte für jede Beschreibung die Zahl an, die angibt, wie zutreffend die Beschreibung für Dich ist.

	Wie zutreffend war die Beschreibung?			
	gar nicht	ein wenig	weitgehend	besonders
01. Ich beachte bei den Schularbeiten, bei anderen Tätigkeiten oder bei der Arbeit häufig Einzelheiten nicht oder mache häufig Flüchtigkeitsfehler.	0	1	2	3
02. Ich habe bei Aufgaben oder Spielen oft Schwierigkeiten, die Aufmerksamkeit längere Zeit aufrechtzuerhalten (dabei zu bleiben).	0	1	2	3
03. Ich kann häufig nicht zuhören, wenn andere mich ansprechen.	0	1	2	3
04. Ich kann häufig Aufträge von anderen nicht vollständig durchführen und kann Schularbeiten, andere Arbeiten oder Pflichten am Arbeitsplatz häufig nicht zu Ende bringen.	0	1	2	3
05. Ich habe häufig Schwierigkeiten, Aufgaben und Aktivitäten zu organisieren.	0	1	2	3
06. Ich habe eine Abneigung gegen Aufgaben, bei denen ich mich länger konzentrieren und anstrengen muss (z. B. Hausaufgaben). Ich vermeide diese Aufgaben oder mache sie nur widerwillig.	0	1	2	3
07. Ich verliere häufig Gegenstände, die ich für bestimmte Aufgaben oder Aktivitäten benötige (z. B. Spielsachen, Hausaufgabenhefte, Stifte, Bücher oder Werkzeug).	0	1	2	3
08. Ich lasse mich oft durch die Umgebung leicht ablenken.	0	1	2	3
09. Ich bin im Alltag häufig vergesslich (z. B. vergesse Schulsachen oder Kleidungsstücke).	0	1	2	3
10. Ich zappele häufig mit Händen und Füßen oder rutsche häufig auf dem Stuhl herum.	0	1	2	3
11. Ich stehe oft im Unterricht oder in anderen Situationen auf, in denen Sitzenbleiben erwartet wird.	0	1	2	3
12. Ich habe häufig Schwierigkeiten, ruhig zu spielen oder mich mit Freizeitaktivitäten ruhig zu beschäftigen.	0	1	2	3
13. Ich laufe häufig herum oder klettere permanent, wenn es unpassend ist.	0	1	2	3
14. Ich habe häufig ein starkes Gefühl der inneren Unruhe.	0	1	2	3
15. Ich habe immer eine extreme Unruhe, die durch andere (Eltern, Lehrer) kaum begrenzt werden kann.	0	1	2	3
16. Ich bin häufig «auf Achse».	0	1	2	3
17. Ich platze häufig mit der Antwort heraus, bevor Fragen zu Ende gestellt sind.	0	1	2	3
18. Ich kann häufig nur schwer warten, bis ich an der Reihe bin (z. B. bei Spielen oder in einer Gruppe).	0	1	2	3
19. Ich unterbreche oder störe andere häufig (z. B. platze in die Unterhaltung oder Spiele anderer hinein).	0	1	2	3
20. Ich rede häufig übermäßig viel.	0	1	2	3

Bitte wenden

Bitte beantworte abschließend noch folgende Fragen.

	Wie zutreffend war die Beschreibung?			
	gar nicht	ein wenig	weitgehend	besonders
K1. Ich achte bei Hausaufgaben gut auf die Details. Ich bin exakt und genau.	0	1	2	3
K2. Ich kann mich gut in etwas festbeißen, bis es erledigt ist.	0	1	2	3
K3. Ich habe Spaß an Beschäftigungen, bei denen ich mich konzentrieren muss.	0	1	2	3
K4. Ich bringe meine Aufgaben zügig zu Ende.	0	1	2	3
K5. Ich kann mich ruhig, intensiv und lange mit einer Sache beschäftigen.	0	1	2	3
K6. Ich überlege zuerst, bevor ich handele (etwas tue).	0	1	2	3

Vielen Dank für Ihre Mitarbeit

3.7 ADHS-Elterninterview (ADHS-EI)

Kurzbeschreibung

Beurteiler	Klinische Beurteilung
Altersbereich	gesamtes Kindes- und Jugendalter
Autoren	Taylor et al. (1986)
Quelle	Neu übersetztes Verfahren
Bezug	Kopiervorlage

Zielsetzung

Das *ADHS-Elterninterview* dient der differenzierten Erfassung der ADHS-Symptomatik von Kindern und Jugendlichen in der Familie und kann alternativ oder ergänzend zu den bereits beschriebenen Verfahren eingesetzt werden. Durch das Erfragen von Verhalten in konkrete Familiensituationen wird eine relativ objektive Beurteilung der Symptomatik ermöglicht. Das Verfahren ist intensiv in der Forschung eingesetzt worden, es kann jedoch auch in der klinischen Praxis wertvolle Dienste leisten.

Aufbau

Das *ADHS-Elterninterview* besteht aus der Sektion 2 des PACS (Parental Account of Symptoms) – Interview von E. Taylor, E. Heptinstall und R. Schacher. Das PACS erfasst zahlreiche weitere kinder- und jugendpsychiatrische Störungen. Im Modul über ADHS werden spezifische Situationen der letzten Woche angesprochen und als Stichproben für das ADHS-spezifische Verhalten betrachtet. Die Situationen betreffen:

1. *Fernsehen*
2. *Lesen*
3. *Einzelbeschäftigung*
4. *Gemeinsames Spiel mit anderen Kindern*
5. *Mahlzeiten*
6. *Einkaufen*
7. *Familienausflüge*

Für jede dieser Situationen werden bis zu 4 Verhaltensbeurteilungen auf mehrstufigen Skalen (0–3) zur Beurteilung von *Aufmerksamkeitsspanne, Unruhe, Zappeligkeit, Redseligkeit* und *Geräuschproduktion* vom Interviewer vorgenommen.

Ferner wird in verschiedenen Situationen, die mit Warten verbunden sind, in einem weiteren Abschnitt der Interviews *Impulsivität* beurteilt. Auch hier wird eine Einstufung auf einer definierten Skala (0–2) vorgenommen. In dem anschließenden Abschnitt des Interviews zu ADHS wird die elterliche Einschätzung der Hyperaktivität/Impulsivität hinsichtlich *Schweregrad, Selbstkontrolle, Auswirkungen* und *Auffälligkeit* (0–2) exploriert.

Über die Erörterung einer strukturierten Aufgabe im Haushalt, der Erledigung von Hausaufgaben und der Organisation einer Aufgabe wird sodann *Unaufmerksamkeit* wiederum auf einer dreistufigen Skala beurteilt. Auch hier schließt sich die elterliche Einschätzung der Unaufmerksamkeit hinsichtlich *Selbstkontrolle, Auswirkungen* und *Auffälligkeit* an.

Abschließend werden getrennt für die beiden Elternteile die *Bewältigung* (0–7) und die elterliche *Konsistenz* (0–3) sowie das ADHS-Verhalten in der Schule aus der Sicht der Eltern beurteilt und eine Gesamtbeurteilung der *Abnormität* durch den Interviewer vorgenommen.

Anwendung

Das *ADHS-Elterninterview* kann vor allem dann Anwendung finden, wenn eine möglichst differenzierte und weitgehend objektive Beschreibung von ADHS-Symptomatik im familiären Umfeld notwendig ist.

Durchführung

Das *ADHS-Elterninterview* ist ein hoch strukturiertes Elterninterview, bei dem die Fragen und die Beurteilungsstufen vorgegeben sind. Die Interviewdauer liegt in der Regel zwischen 30 und 45 Minuten.

Auswertung

Die Beurteilungen im Interview können auf das Auswertungsblatt übertragen werden, wodurch ein individuelles Profil der entsprechenden Auffälligkeiten in spezifischen familiären Situationen erstellt wird.

Reliabilität und Validität

Die Subskala Hyperaktivität wird aus den Werten für Aufmerksamkeitsspanne (bei 4 verschiedenen Aktivitäten), Unruhe, Zappeligkeit, Aktivitätsniveau (in strukturierten Situationen) aus den von 0 bis 3 reichenden Bewertungen der Items gebildet.

Die Interrater-Reliabilität lag in der Studie von Taylor et al. (1986) zwischen 0.92 und 0.95, die interne Konsistenz (Cronbachs Alpha) bei 0.89. Über die Bestimmung der Faktorenstruktur konnte für die Subskala Hyperaktivität Konstruktvalidität festgestellt werden. Auch das Kriterium der externen Validität konnte über signifikante Korrelationen mit der Lehrerbeurteilung von Hyperaktivität über den Fragebogen von Conners sowie mit der beobachteten Hyperaktivität in der Testsituation gesichert werden. Zur Aufmerksamkeitsleistung in einem apparativen Test bestand eine signifikant negative Beziehung.

Normen und Grenzwerte

Es liegen keine Normen vor. Anhand des Auswertungsblattes wird ein individuelles Symptomprofil erstellt.

Literatur

Taylor, E., Schacher, R., Thorley, G. & Wieselberg, M. (1986). Conduct disorder and hyperactivity: I Separation of Hyperactivity and antisocial conduct in British child psychiatric patients. *British Journal of Psychiatry 149*, 760–777.

ADHS – Elterninterview

Sektion 2 des PACS-Interviews

E. Taylor, E. Heptinstall und R. Schachar
(deutsche Übersetzung von T. Banaschewski, R. Oades und H.-C. Steinhausen)

1. Fernsehen

Bitte denken Sie an eine Situation, in der X in der letzten Woche oder kürzlich ferngesehen oder ein Video angesehen hat. Wie lang hat er/sie zugesehen?

Wenn die Antwort vage ist:

War es kürzer oder länger als eine halbe Stunde?
Kann X eine Sendung ohne Unterbrechung ansehen?
Ist das die typische Zeitspanne für etwas, das X ansieht, wenn er/sie sich dafür interessiert?

Übliche Aufmerksamkeitsspanne

Mehr als 30 Minuten	◯	0
Zwischen 15 und 30 Minuten	◯	1
Zwischen 6 und 15 Minuten	◯	2
5 Minuten oder weniger	◯	3
Nicht beurteilbar	◯	9

Als Sie X das letzte Mal beim Fernsehen beobachtet haben, blieb er/sie auf seinem Platz oder stand er/sie auf und lief im Zimmer umher? Wie oft stand X von seinem Platz auf?

Wenn die Antwort vage ist:

War das alle 15 Minuten oder seltener?
Ist dieses Ausmaß des Umherlaufens beim Fernsehen typisch für X?

Übliche Unruhe

Nicht unruhig	◯	0
Einmal alle 15 Minuten	◯	1
Mehr als einmal alle 15 Minuten aber weniger als einmal alle fünf Minuten	◯	2
Einmal alle 5 Minuten oder häufigeres Verlassen des Platzes	◯	3
Nicht beurteilbar	◯	9

Als Sie X das letzte Mal beim Fernsehen beobachteten, war er/sie da zappelig, schaukelte er mit den Beinen, schnippte er mit den Fingern, spielte mit einer Sache oder an der Kleidung herum?

Wenn die Antwort vage ist:

War X mehr oder weniger als die Hälfte der Zeit während des Fernsehens zappelig?
Ist das das übliche Ausmaß der Zappeligkeit von X beim Fernsehen?

Döpfner, Lehmkuhl & Steinhausen (2006). Kinder-Diagnostik-System KIDS 1 – Aufmerksamkeitsdefizit- und Hyperaktivitätsstörung (ADHS). Göttingen: Hogrefe.

79

Übliche Zappeligkeit

Nicht zappelig	○	0
Weniger als die Hälfte der Zeit	○	1
Mehr als die Hälfte der Zeit aber nicht dauernd	○	2
Dauernd zappelig	○	3
Nicht beurteilbar	○	9

Hat X während des Fernsehens geredet?

Wenn die Antwort vage ist:

**Hat X die ganze Zeit beim Fernsehen geredet? Mehr oder weniger als die Hälfte der Zeit?
Ist das das übliche Ausmaß der Redseligkeit von X beim Fernsehen?**

Übliche Redseligkeit

Redet nicht außer gelegentlicher Kommentare	○	0
Redet in weniger als der Hälfte der Zeit	○	1
Redet in mehr als der Hälfte der Zeit aber nicht dauernd	○	2
Redet dauernd	○	3
Nicht beurteilbar	○	9

Macht X irgendwelche anderen Störgeräusche während des Fernsehens?
Welche Art von Geräusch? Ist das bei X üblich?

Übliche Geräuschproduktion

Macht keine Geräusche	○	0
Macht Geräusche in weniger als der Hälfte der Zeit	○	1
Macht Geräusche in mehr als der Hälfte der Zeit aber nicht dauernd	○	2
Macht andauernd Geräusche	○	3
Nicht beurteilbar	○	9

Döpfner, Lehmkuhl & Steinhausen (2006). Kinder-Diagnostik-System KIDS 1 – Aufmerksamkeitsdefizit- und Hyperaktivitätsstörung (ADHS). Göttingen: Hogrefe.

2. Lesen

Bitte denken Sie an eine Situation, in der X in der letzten Woche oder kürzlich ein Buch, eine Zeitung oder einen Comic gelesen hat. Wie lang hat er/sie bei dieser Gelegenheit gelesen? Ist das die typische Zeitspanne, wenn er/sie liest?

Übliche Aufmerksamkeitsspanne

Mehr als 30 Minuten	◯	0
Zwischen 15 und 30 Minuten	◯	1
Zwischen 6 und 15 Minuten	◯	2
5 Minuten oder weniger	◯	3
Nicht beurteilbar	◯	9

Beachte: Beurteile nur selbständiges Lesen; nicht lautes Vorlesen des Kindes.

Als Sie X das letzte Mal beim Lesen beobachtet haben, blieb er/sie auf seinem Platz oder stand er/sie auf und lief im Zimmer umher? Wie oft stand X von seinem Platz auf?

Wenn die Antwort vage ist:

Blieb X beim Lesen länger als 5 Minuten an einem Platz sitzen?
Ist dieses Ausmaß des Umherlaufens beim Lesen typisch für X?

Übliche Unruhe

Nicht unruhig	◯	0
Einmal alle 15 Minuten	◯	1
Mehr als einmal alle 15 Minuten aber weniger als einmal alle fünf Minuten	◯	2
Einmal alle 5 Minuten oder häufiger	◯	3
Nicht beurteilbar	◯	9

Als Sie X das letzte Mal beim Lesen beobachteten, war er/sie da zappelig?

Wenn die Antwort vage ist:

War er/sie beim Lesen die ganze Zeit zappelig? Mehr oder weniger als die Hälfte der Zeit?
Ist das das übliche Ausmaß der Zappeligkeit von X beim Lesen?

Übliche Zappeligkeit

Nicht zappelig	◯	0
Weniger als die Hälfte der Zeit	◯	1
Mehr als die Hälfte der Zeit aber nicht dauernd	◯	2
Dauernd zappelig	◯	3
Nicht beurteilbar	◯	9

Hat X während des Lesens geredet?

Wenn die Antwort vage ist:

Hat X die ganze Zeit beim Lesen geredet? Mehr oder weniger als die Hälfte der Zeit?
Ist das das übliche Ausmaß der Redseligkeit von X beim Lesen?

Übliche Redseligkeit

Redet nicht außer gelegentlicher Kommentare	○	0
Redet in weniger als der Hälfte der Zeit	○	1
Redet in mehr als der Hälfte der Zeit aber nicht dauernd	○	2
Redet dauernd	○	3
Nicht beurteilbar	○	9

Macht X irgendwelche anderen Störgeräusche während des Lesens?
Welche Art von Geräusch? Ist das bei X üblich?

Übliche Geräuschproduktion

Macht keine Geräusche	○	0
Macht Geräusche in weniger als der Hälfte der Zeit	○	1
Macht Geräusche in mehr als der Hälfte der Zeit aber nicht dauernd	○	2
Macht andauernd Geräusche	○	3
Nicht beurteilbar	○	9

3. Einzelbeschäftigung

Bitte denken Sie an eine Situation, in der X in der letzten Woche allein gespielt hat, z. B. Malen, Zeichnen, Modellbauen, Handarbeit. Wie lang hat er/sie sich damit beschäftigt?
Ist das die typische Zeitspanne, wenn er/sie sich allein beschäftigt?

Wenn die Antwort vage ist:

Kann X sich mehr oder weniger als eine halbe Stunde allein beschäftigen?

Übliche Aufmerksamkeitsspanne

Mehr als 30 Minuten	○	0
Zwischen 15 und 30 Minuten	○	1
Zwischen 6 und 15 Minuten	○	2
5 Minuten oder weniger	○	3
Nicht beurteilbar	○	9

Beachte: *Wenn die Zeitspanne sich bei verschiedenen Aktivitäten unterscheidet, bewerten Sie die längste Dauer. Bewerten Sie keine Aktivitäten, die mit jemand anderem gemeinsam durchgeführt wurden.*

 Döpfner, Lehmkuhl & Steinhausen (2006). Kinder-Diagnostik-System KIDS 1 – Aufmerksamkeitsdefizit- und Hyperaktivitätsstörung (ADHS). Göttingen: Hogrefe.

Blieb X während dieser Beschäftigung auf seinem/ihrem Platz oder stand er/sie auf und lief im Zimmer umher? Wie oft stand X von seinem Platz auf?
Ist dieses Ausmaß des Umherlaufens beim typisch für X, wenn er/sie sich allein beschäftigt?

Übliche Unruhe

Nicht unruhig	○	0
Einmal alle 15 Minuten	○	1
Mehr als einmal alle 15 Minuten aber weniger als einmal alle fünf Minuten	○	2
Einmal alle 5 Minuten oder häufiger	○	3
Nicht beurteilbar	○	9

War X während dieser Beschäftigung zappelig?

Wenn die Antwort vage ist:
War er/sie die ganze Zeit zappelig? Mehr oder weniger als die Hälfte der Zeit?
Ist das das übliche Ausmaß der Zappeligkeit von X bei Einzelbeschäftigung?

Übliche Zappeligkeit

Nicht zappelig	○	0
Weniger als die Hälfte der Zeit	○	1
Mehr als die Hälfte der Zeit aber nicht dauernd	○	2
Dauernd zappelig	○	3
Nicht beurteilbar	○	9

Hat X während der Einzelbeschäftigung geredet?

Wenn die Antwort vage ist:
Hat X die ganze Zeit geredet? Mehr oder weniger als die Hälfte der Zeit?
Ist das das übliche Ausmaß der Redseligkeit von X bei Einzelbeschäftigung?

Übliche Redseligkeit

Redet nicht außer gelegentlicher Kommentare	○	0
Redet in weniger als der Hälfte der Zeit	○	1
Redet in mehr als der Hälfte der Zeit aber nicht dauernd	○	2
Redet dauernd	○	3
Nicht beurteilbar	○	9

Macht X irgendwelche anderen Störgeräusche während der Einzelbeschäftigung?
Welche Art von Geräusch? Ist das bei X üblich?

Übliche Geräuschproduktion

Macht keine Geräusche	○	0
Macht Geräusche in weniger als der Hälfte der Zeit	○	1
Macht Geräusche in mehr als der Hälfte der Zeit aber nicht dauernd	○	2
Macht andauernd Geräusche	○	3
Nicht beurteilbar	○	9

4. Gemeinsames Spiel mit anderen Kindern

Bitte denken Sie an eine Situation, in der X in der letzten Woche mit anderen gespielt hat, vielleicht mit Freunden oder Geschwistern. Was haben sie gespielt? Wie lange haben sie bei dieser Gelegenheit gespielt?
Ist das bei X die übliche Zeitspanne für das gemeinsame Spiel mit anderen Kindern?

Übliche Aufmerksamkeitsspanne bei gemeinsamem Spiel

Mehr als 30 Minuten	○	0
Zwischen 15 und 30 Minuten	○	1
Zwischen 6 und 15 Minuten	○	2
5 Minuten oder weniger	○	3
Nicht beurteilbar	○	9

Ist X bei dieser Gelegenheit unnötig herumgelaufen, z. B. aus dem Zimmer, über Möbel geklettert? Wenn ja, wie oft? Ist das das übliche Verhalten, wenn X mit anderen Kindern spielt?

Übliche Unruhe

Nicht unruhig	○	0
Einmal alle 15 Minuten	○	1
Mehr als einmal alle 15 Minuten aber weniger als einmal alle fünf Minuten	○	2
Einmal alle 5 Minuten oder häufiger	○	3
Nicht beurteilbar	○	9

Döpfner, Lehmkuhl & Steinhausen (2006). Kinder-Diagnostik-System KIDS 1 – Aufmerksamkeitsdefizit- und Hyperaktivitätsstörung (ADHS). Göttingen: Hogrefe.

Hat X während des gemeinsamen Spiels viel geredet?

Wenn die Antwort vage ist:

Hat X die ganze Zeit geredet? Mehr oder weniger als die Hälfte der Zeit?
Ist das das übliche Ausmaß der Redseligkeit von X bei gemeinsamem Spiel?

Übliche Redseligkeit

Angemessenes Maß an Konversation	○	0
Sprach in weniger als der Hälfte der Zeit	○	1
Sprach in mehr als der Hälfte der Zeit aber nicht dauernd	○	2
Sprach dauernd	○	3
Nicht beurteilbar	○	9

Machte X während des Spiels irgendwelche anderen Störgeräusche?
Welche Art von Geräusch? Ist das bei X üblich?

Übliche Geräuschproduktion

Macht keine Geräusche	○	0
Macht Geräusche in weniger als der Hälfte der Zeit	○	1
Macht Geräusche in mehr als der Hälfte der Zeit aber nicht dauernd	○	2
Macht andauernd Geräusche	○	3
Nicht beurteilbar	○	9

5. Mahlzeiten

Bitte denken Sie an eine Situation, in der X in der letzten Woche oder kürzlich am Tisch eine Mahlzeit eingenommen hat?
Ist er/sie von seinem Platz aufgestanden?

Beachte: *Wenn das Elternteil dem Kind das Aufstehen nicht erlaubt, wählen Sie 0. Bewerten Sie nicht zweckdienliches Aufstehen, z. B. um ein Glas Wasser oder Salz zu holen.*

Wenn die Antwort vage ist:

Steht X während einer Mahlzeit üblicherweise ein-, zwei- oder mehrmals auf?

Übliche Unruhe

Nicht unruhig	○	0
Nur einmal	○	1
2 bis 5mal	○	2
Öfter als 5mal	○	3
Nicht beurteilbar	○	9

Döpfner, Lehmkuhl & Steinhausen (2006). Kinder-Diagnostik-System KIDS 1 – Aufmerksamkeitsdefizit- und Hyperaktivitätsstörung (ADHS). Göttingen: Hogrefe.

85

War X während der Mahlzeit zappelig?

Wenn die Antwort vage ist:

War X die ganze Zeit zappelig, mehr oder weniger als die Hälfte der Zeit?
Ist das das übliche Ausmaß an Zappeligkeit am Esstisch?

Übliche Zappeligkeit

Nicht unruhig	○	0
Weniger als die Hälfte der Zeit	○	1
Mehr als die Hälfte der Zeit aber nicht dauernd	○	2
Dauernd	○	3
Nicht beurteilbar	○	9

Hat X während der Mahlzeit viel geredet?

Wenn die Antwort vage ist:

Hat X die ganze Zeit geredet? Mehr oder weniger als die Hälfte der Zeit?
Ist das das übliche Ausmaß der Redseligkeit von X bei Mahlzeiten?

Übliche Redseligkeit

Angemessenes Maß an Konversation	○	0
Redet in weniger als der Hälfte der Zeit	○	1
Redet in mehr als der Hälfte der Zeit aber nicht dauernd	○	2
Redet dauernd	○	3
Nicht beurteilbar	○	9

Macht X irgendwelche anderen Störgeräusche während der Mahlzeit?
Welche Art von Geräusch? Ist das bei X üblich?

Übliche Geräuschproduktion

Macht keine Geräusche	○	0
Macht Geräusche in weniger als der Hälfte der Zeit	○	1
Macht Geräusche in mehr als der Hälfte der Zeit aber nicht dauernd	○	2
Macht andauernd Geräusche	○	3
Nicht beurteilbar	○	9

Döpfner, Lehmkuhl & Steinhausen (2006). Kinder-Diagnostik-System KIDS 1 – Aufmerksamkeitsdefizit- und Hyperaktivitätsstörung (ADHS). Göttingen: Hogrefe.

6. Einkaufen

Bitte denken Sie an eine Situation, in der X kürzlich mit Ihnen einkaufen gegangen ist. Blieb er bei Ihnen oder rannte er/sie von Ihnen weg?

Wenn die Antwort Ja lautet:

Wie oft tat X das?
Ist das das übliche Verhalten von X beim Einkaufen?

Übliche Unruhe

Nicht unruhig	◯	0
Alle 5 Minuten oder seltener	◯	1
Alle 2 bis 5 Minuten	◯	2
Öfter als alle 2 Minuten	◯	3
Nicht beurteilbar	◯	9

Beachte: *Einschließlich störendes Verhalten gegenüber anderen Kunden durch das unkontrollierte Herumstoßen des Einkaufwagens. Keine Bewertung, wenn das Kind sich vom Elternteil entfernt, um eine Ware zu holen und zu bringen.*
Wenn das Elternteil das Kind wegen seines störenden Verhaltens nicht mehr zum Einkaufen mitnimmt, wählen Sie 3.

Hat X während Einkaufens viel geredet?

Wenn die Antwort vage ist:

Hat X die ganze Zeit geredet? Mehr oder weniger als die Hälfte der Zeit?
Ist das das übliche Ausmaß der Redseligkeit von X beim Einkaufen?

Übliche Redseligkeit

Angemessenes Ausmaß an Konversation	◯	0
Redet in weniger als der Hälfte der Zeit	◯	1
Redet in mehr als der Hälfte der Zeit aber nicht dauernd	◯	2
Redet dauernd	◯	3
Nicht beurteilbar	◯	9

Macht X irgendwelche anderen Störgeräusche während des Einkaufens?
Welche Art von Geräusch? Ist das bei X üblich?

Übliche Geräuschproduktion

Macht keine Geräusche	◯	0
Macht Geräusche in weniger als der Hälfte der Zeit	◯	1
Macht Geräusche in mehr als der Hälfte der Zeit aber nicht dauernd	◯	2
Macht andauernd Geräusche	◯	3
Nicht beurteilbar	◯	9

Döpfner, Lehmkuhl & Steinhausen (2006). Kinder-Diagnostik-System KIDS 1 – Aufmerksamkeitsdefizit- und Hyperaktivitätsstörung (ADHS). Göttingen: Hogrefe.

87

7. Familienausflüge

Hat X kürzlich mit Ihnen einen Familienausflug oder Verwandtschaftsbesuch unternommen? Ist er/sie bei dieser Gelegenheit übermäßig herumgerannt oder auf Sachen geklettert?

Wenn die Antwort Ja lautet:

Wie oft während des Besuchs tat X das?
Hat sein/ihr Verhalten andere Personen gestört?
Ist das das übliche Verhalten von X bei Ausflügen?

Übliche Unruhe

Nicht unruhig	○	0
Alle 10 Minuten oder seltener	○	1
Alle 5 bis 10 Minuten	○	2
Öfter als alle 5 Minuten	○	3
Keine Ausflüge in den letzten 6 Monaten	○	8
Nicht beurteilbar	○	9

Beachte: *Wenn während der letzten 6 Monate keine Ausflüge stattgefunden haben, wählen Sie 8. Wenn das Elternteil das Kind wegen seines störenden Verhaltens nicht mehr zu Ausflügen mitnimmt, wählen Sie 3.*

Macht X irgendwelche anderen Störgeräusche während des Ausflugs?
Welche Art von Geräusch? Ist das bei X üblich?

Übliche Geräuschproduktion

Macht keine Geräusche	○	0
Macht Geräusche in weniger als der Hälfte der Zeit	○	1
Macht Geräusche in mehr als der Hälfte der Zeit aber nicht dauernd	○	2
Macht andauernd Geräusche	○	3
Nicht beurteilbar	○	9

8. Impulsivität

Bitte denken Sie an eine Situation, in der X in einer Schlange warten musste, bis er/sie an der Reihe war? Was passierte dabei?

Wenn die Antwort vage ist:

Kann X abwarten, bis er/sie an die Reihe kommt, oder wird er/sie ungeduldig?

Geringe oder keine Ungeduld	○	0
Wird schnell ungeduldig, kann aber abwarten	○	1
Kann oft nicht warten oder drängelt sich vor	○	2
Nicht beurteilbar	○	9

Döpfner, Lehmkuhl & Steinhausen (2006). Kinder-Diagnostik-System KIDS 1 – Aufmerksamkeitsdefizit- und Hyperaktivitätsstörung (ADHS). Göttingen: Hogrefe.

Bitte denken Sie an eine Situation, in der X warten musste, bis er/sie am Tisch seine/ihre Mahlzeit erhielt? Was passierte dabei?

Wenn die Antwort vage ist:
Kann X abwarten, bis er/sie an die Reihe kommt, oder wird er/sie ungeduldig?

Geringe oder keine Schwierigkeit abzuwarten	○	0
Wird schnell ungeduldig, kann aber abwarten	○	1
Kann oft nicht warten oder drängelt sich vor	○	2
Nicht beurteilbar	○	9

Bitte denken Sie an eine Situation, in der X warten musste, bis er/sie bei einem Spiel an die Reihe kam? Was passierte dabei?

Wenn die Antwort vage ist:
Kann X abwarten, bis er/sie an die Reihe kommt, oder wird er/sie ungeduldig?

Geringe oder keine Schwierigkeit abzuwarten	○	0
Wird schnell ungeduldig, kann aber abwarten	○	1
Kann oft nicht warten oder drängelt sich vor	○	2
Nicht beurteilbar	○	9

Bitte denken Sie an eine Situation, in der Sie X eine Frage stellten, z. B. über seinen/ihren Tagesverlauf oder bei einem Ratespiel. Hat X gewartet, bis Sie die Frage beendet hatten, bevor er/sie antwortete? Ist das sein/ihr typisches Verhalten, wenn Sie Fragen stellen?

Wartet bis die Frage beendet ist	○	0
Ist etwas ungeduldig, hört aber erst auf die Frage	○	1
Antwortet bevor die Frage beendet ist	○	2
Nicht beurteilbar	○	9

Was passiert, wenn Sie mit einer anderen Person sprechen, während X im Raum ist?
Unterbricht X das Gespräch oder gibt er/sie unnötige Kommentare ab?

Keine Unterbrechungen	○	0
Einige Unterbrechungen	○	1
Konstante Unterbrechungen, so dass ein Gespräch unmöglich wird	○	2
Nicht beurteilbar	○	9

Döpfner, Lehmkuhl & Steinhausen (2006). Kinder-Diagnostik-System KIDS 1 – Aufmerksamkeitsdefizit- und Hyperaktivitätsstörung (ADHS). Göttingen: Hogrefe.

89

9. Elterliche Einschätzung der Hyperaktivtät/Impulsivität

Sie haben mir berichtet, dass (*nennen Sie die berichtete(n) Verhaltensweise(n) und lassen Sie die Eltern diese bestätigen*). **Sehen Sie das als Problem an? Gibt es Ihnen Anlass zu Sorge?**

Wenn die Antwort NEIN ist:
Wählen Sie 0.

Wenn die Antwort JA ist:
Würden Sie sagen, dass es ein schwerwiegendes oder ein geringfügiges Problem darstellt?

Beachte: *Wenn mehrere Probleme angegeben wurden fragen Sie: Machen Ihnen irgendwelche davon Sorgen? Bewerten Sie das Schwerwiegendste.*

Wahrgenommener Schweregrad

Kein Problem wahrgenommen, keine elterliche Sorge	○	0
Geringfügiges Problem wahrgenommen, leichte/gelegentliche Sorge	○	1
Schwerwiegendes Problem wahrgenommen, starke/andauernde Sorge	○	2
Nicht beurteilbar	○	9

Beginn

Wie alt war X als Sie diese Verhaltensweise zum ersten Mal bemerkten?
Alter in Jahren: _____

Selbstkontrolle

Glauben Sie, dass X dieses Verhalten kontrollieren kann?

Wenn die Antwort JA ist:
Warum glauben Sie das? Können Sie ein Beispiel nennen, als das kürzlich stattfand?

Wenn die Antwort Nein ist:
Versucht er/sie jemals das Verhalten zu beenden? Können Sie beschreiben, was dann geschieht?

Kann Verhalten fast immer kontrollieren/kann es bei den meisten Gelegenheiten verändern	○	0
Hat manchmal Kontrolle über Verhalten/kann es oft verändern oder beenden	○	1
Keine Kontrolle über das Verhalten/kann es nicht verändern oder beenden	○	2
Nicht beurteilbar	○	9

Auswirkungen

Leidet X darunter oder bekommt er/sie dadurch Ärger in der Schule? Beeinträchtigt es die Beziehung zu Freunden oder Familienmitgliedern?

Keine Beeinträchtigung	○	0
Beeinträchtigung manchmal oder geringfügig	○	1
Starke Beeinträchtigung	○	2
Nicht beurteilbar	○	9

Döpfner, Lehmkuhl & Steinhausen (2006). Kinder-Diagnostik-System KIDS 1 – Aufmerksamkeitsdefizit- und Hyperaktivitätsstörung (ADHS). Göttingen: Hogrefe.

Auffälligkeit

Bewertet werden sollen Verhaltensweisen, die dem Alter und Entwicklungsstand des Kindes nicht entsprechen (Eine Bewertung für Schweregrad und Häufigkeit)

Normal	○	0
Leichte Auffälligkeit	○	1
Ausgeprägte Auffälligkeit	○	2
Schwerwiegende Auffälligkeit	○	3
Nicht beurteilbar	○	9

10. Unaufmerksamkeit

A. Bitte denken Sie an eine Situation, in der X eine strukturierte Aufgabe im Haushalt aufgetragen wurde? Das können Aufgaben wie Tischdecken, Abtrocknen oder Abwaschen sein. Was genau wurde ihm/ihr aufgetragen? War das die übliche Art und Weise, in der X mit solchen Aufgaben umgeht?

Beachte: *Wählen Sie Beispiele, die dem Alter des Kindes angemessen sind. Bewerten Sie das übliche Muster.*

Hat X unwillig mit dieser Aufgabe begonnen?

Willig **oder** zumindest anfangs kooperativ	○	0
Zunächst etwas unwillig, aber ohne weitere Klagen bei der Ausführung	○	1
Zunächst starker Widerstand **oder** fortwährende Klagen während der Ausführung	○	2
Starker fortwährender Widerstand **oder** komplette Weigerung	○	3
Nicht beurteilbar	○	9

Hat X während dem Ausführen der Aufgabe auf Einzelheiten geachtet? Zum Beispiel den Tisch korrekt gedeckt, die Aufgabe beendet?

Ja	○	0
Bemüht, alles richtig zu machen, aber gelegentliche Fehler	○	1
Zeigte wenig Aufmerksamkeit für Einzelheiten	○	2
Zeigte überhaupt keine Aufmerksamkeit für Einzelheiten, beendete die Aufgabe nicht oder erledigte sie schludrig	○	3
Nicht beurteilbar	○	9

Döpfner, Lehmkuhl & Steinhausen (2006). Kinder-Diagnostik-System KIDS 1 – Aufmerksamkeitsdefizit- und Hyperaktivitätsstörung (ADHS). Göttingen: Hogrefe.

91

Machte X Fehler beim Ausführen der Aufgabe?

Keine Fehler	○	0
Verstand die Aufgabe, machte aber 1 oder 2 unnötige Fehler	○	1
War zu unaufmerksam, machte daher wiederholt unnötige Fehler	○	2
War so unaufmerksam, dass die Aufgabe nicht beendet werden konnte oder von vorne begonnen werden musste	○	3
Nicht beurteilbar	○	9

Hörte X auf Ihre Anweisungen und verstand er/sie, was sie ihm/ihr auftrugen?

Hörte zu und verstand Anweisungen	○	0
Schien nicht zuzuhören, zeigte aber bei der Ausführung, dass er/sie die Anweisungen gehört und verstanden hatte	○	1
Schien nicht zuzuhören, zeigte bei der Ausführung, dass er/sie die Anweisungen nur teilweise verstanden hatte	○	2
Zeigte ein beträchtliches Maß an Unaufmerksamkeit **und** missverstand die Anweisungen eindeutig	○	3
Nicht beurteilbar	○	9

Wenn 0 oder 1 gewählt wurden, stellen Sie die beiden folgenden Fragen. Wenn 2 oder 3 gewählt wurden, stellen Sie die beiden folgenden Fragen nicht, sondern wählen Sie 8.

i) Wie gut folgte X den Anweisungen?

Hat alle Anweisungen vollständig befolgt	○	0
Hat die meisten wichtigen Anweisungen befolgt, andere aber missachtet	○	1
Missachtete die meisten Anweisungen einschließlich der wichtigsten	○	2
Nicht zutreffend	○	8
Nicht beurteilbar	○	9

ii) Beendete X die Aufgabe?

Beendete die Aufgabe	○	0
Führte den größten Teil der Ausgabe aus, beendete sie aber nicht	○	1
Gab sehr schnell auf oder musste zur Beendigung gezwungen werden	○	2
Nicht zutreffend	○	8
Nicht beurteilbar	○	9

Döpfner, Lehmkuhl & Steinhausen (2006). Kinder-Diagnostik-System KIDS 1 – Aufmerksamkeitsdefizit- und Hyperaktivitätsstörung (ADHS). Göttingen: Hogrefe.

Wurde X leicht von der Aufgabe abgelenkt, z. B. durch Geräusche von der Straße, Gespräche im Hintergrund oder Personen, die den Raum betraten?

Überhaupt nicht abgelenkt	◯	0
Zeitweise abgelenkt, kehrte aber von sich aus zur Aufgabe zurück	◯	1
Musste ermahnt werden, zur Aufgabe zurückzukehren oder entzog sich ihr	◯	2
Nicht zutreffend	◯	8
Nicht beurteilbar	◯	9

B. Bitte denken Sie an eine Situation, in der X Hausaufgaben aufgetragen wurden. Worin genau bestand die Aufgabe?

Hat X unwillig mit dieser Aufgabe begonnen?

Willig **oder** zumindest anfangs kooperativ	◯	0
Zunächst etwas unwillig, aber ohne weitere Klagen bei der Ausführung	◯	1
Zunächst starker Widerstand **oder** fortwährende Klagen während der Ausführung	◯	2
Starker fortwährender Widerstand **oder** komplette Weigerung	◯	3
Nicht beurteilbar	◯	9

Hat X während dem Ausführen der Aufgabe auf Einzelheiten geachtet?

Ja	◯	0
Bemüht, alles richtig zu machen, aber gelegentliche Fehler	◯	1
Zeigte wenig Aufmerksamkeit für Einzelheiten	◯	2
Zeigte überhaupt keine Aufmerksamkeit für Einzelheiten, beendete die Aufgabe nicht oder erledigte sie schludrig	◯	3
Nicht beurteilbar	◯	9

Machte X Fehler beim Ausführen der Aufgabe?

Keine Fehler	◯	0
Verstand die Aufgabe, machte aber 1 oder 2 unnötige Fehler	◯	1
War zu unaufmerksam, machte daher wiederholt unnötige Fehler	◯	2
War so unaufmerksam, dass die Aufgabe nicht beendet werden konnte oder von vorne begonnen werden musste	◯	3
Nicht beurteilbar	◯	9

Döpfner, Lehmkuhl & Steinhausen (2006). Kinder-Diagnostik-System KIDS 1 – Aufmerksamkeitsdefizit- und Hyperaktivitätsstörung (ADHS). Göttingen: Hogrefe.

93

Hörte X auf die Anweisungen der Lehrerin und verstand er/sie, was ihm/ihr aufgetragen wurde; oder hörte er Ihnen zu, als Sie ihm/ihr die Aufgabe erklärten?

Hörte zu und verstand Anweisungen	○	0
Schien nicht zuzuhören, zeigte aber bei der Ausführung, dass er/sie die Anweisungen gehört und verstanden hatte	○	1
Schien nicht zuzuhören, zeigte bei der Ausführung, dass er/sie die Anweisungen nur teilweise verstanden hatte	○	2
Zeigte ein beträchtliches Maß an Unaufmerksamkeit **und** missverstand die Anweisungen eindeutig	○	3
Nicht beurteilbar	○	9

Wenn 0 oder 1 gewählt wurden, stellen Sie die beiden folgenden Fragen. Wenn 2 oder 3 gewählt wurden, stellen Sie die beiden folgenden Fragen nicht, sondern wählen Sie 8.

i) Wie gut folgte X den Anweisungen?

Hat alle Anweisungen vollständig befolgt	○	0
Hat die meisten wichtigen Anweisungen befolgt, andere aber missachtet	○	1
Missachtete die meisten Anweisungen einschließlich der wichtigsten	○	2
Nicht zutreffend	○	8
Nicht beurteilbar	○	9

ii) Beendete X die Aufgabe?

Beendete die Aufgabe	○	0
Führte den größten Teil der Ausgabe aus, beendete sie aber nicht	○	1
Gab sehr schnell auf oder musste zur Beendigung gezwungen werden	○	2
Nicht zutreffend	○	8
Nicht beurteilbar	○	9

Wurde X leicht von der Aufgabe abgelenkt, z. B. durch Geräusche von der Straße, Gespräche im Hintergrund oder Personen, die den Raum betraten?

Überhaupt nicht abgelenkt	○	0
Zeitweise abgelenkt, kehrte aber von sich aus zur Aufgabe zurück	○	1
Musste ermahnt werden, zur Aufgabe zurückzukehren oder entzog sich ihr	○	2
Nicht zutreffend	○	8
Nicht beurteilbar	○	9

Döpfner, Lehmkuhl & Steinhausen (2006). Kinder-Diagnostik-System KIDS 1 – Aufmerksamkeitsdefizit- und Hyperaktivitätsstörung (ADHS). Göttingen: Hogrefe.

C. Bitte denken Sie an eine Situation, als X kürzlich etwas erledigen sollte, das der Organisation bedurfte. Etwas wie das Zusammensuchen von Heften und Stiften für die Schulaufgaben oder zum Malen oder von Putzmitteln für eine Arbeit im Haushalt. Wie gut kann X bei solchen Gelegenheiten organisieren?

Beschafft sich alles Notwendige, bevor er/sie mit der Aufgabe beginnt	◯	0
Muss häufig noch Dinge holen, nachdem er/sie mit Aufgabe begonnen hat	◯	1
Denkt nie vorher darüber nach, was für die Aufgabe benötigt wird	◯	2
Nicht beurteilbar	◯	9

Ordnete X bei dieser Gelegenheit die für die Aufgabe benötigen Gegenstände richtig an, z. B. Kleidungsstücke, Spielzeug, Stifte, Bücher? Findet X meistens, was er/sie sucht?

Beachte: *Es geht darum, dass Kind sich organisiert/eine organisierte Aufgabe durchführt. Frage also danach, ob es Sachen verliert, die es für eine solche organisatorische Aufgabe braucht! Vorschlag: Verliert X Dinge, die er/sie für eine organisierte Aufgabe braucht?*

Verliert nie Sachen	◯	0
Verliert manchmal Sachen, aber nicht gewohnheitsmäßig	◯	1
Verliert häufig Sachen, geht unachtsam oder schludrig mit Sachen um	◯	2
Nicht beurteilbar	◯	9

Gab es kürzlich eine Situation, in der X etwas vergessen hat, z. B. den Namen einer Person oder das Mittagessen oder seine Schulsachen? Passiert das oft? **(nach täglichen Aktivitäten fragen! Nicht nach Dingen, die nicht täglich gemacht werden!)**

Nie oder selten vergesslich	◯	0
Manchmal vergesslich, aber nicht gewohnheitsmäßig	◯	1
Häufig vergesslich	◯	2
Nicht beurteilbar	◯	9

Döpfner, Lehmkuhl & Steinhausen (2006). Kinder-Diagnostik-System KIDS 1 – Aufmerksamkeitsdefizit- und Hyperaktivitätsstörung (ADHS). Göttingen: Hogrefe.

95

11. Elterliche Einschätzung der Unaufmerksamkeit

Sie haben mir berichtet, dass *(nennen Sie berichtete(n) Verhaltensweise(n) und lassen Sie die Eltern bestätigen)*. **Sehen Sie das als Problem an? Gibt Ihnen das Anlass zu Sorge?**

Wenn die Antwort NEIN ist:
Wählen Sie 0.

Wenn die Antwort JA ist:
Würden Sie sagen, dass es ein schwerwiegendes oder ein geringes Problem darstellt?

Beachte: *Wenn mehrere Probleme angegeben wurden, fragen Sie: Machen Ihnen irgendwelche davon Sorgen? Bewerten Sie das Schwerwiegendste.*

Wahrgenommener Schweregrad

Kein Problem wahrgenommen, keine elterliche Sorge	◯	0
Geringfügiges Problem wahrgenommen, leichte/gelegentliche Sorge	◯	1
Schwerwiegendes Problem wahrgenommen, starke/andauernde Sorge	◯	2
Nicht beurteilbar	◯	9

Beginn

Wie alt war X als Sie diese Verhaltensweise zum ersten Mal bemerkten?
Alter in Jahren: _____

Selbstkontrolle

Glauben Sie, dass X dieses Verhalten kontrollieren kann?

Wenn die Antwort JA ist:
Warum glauben Sie das? Können Sie ein Beispiel nennen, als das kürzlich stattfand?

Wenn die Antwort NEIN ist:
Versucht er/sie jemals das Verhalten zu beenden? Können Sie beschreiben, was dann geschieht?

Kann Verhalten fast immer kontrollieren/kann es bei den meisten Gelegenheiten verändern	◯	0
Hat manchmal Kontrolle über Verhalten/kann es oft verändern oder beenden	◯	1
Keine Kontrolle über das Verhalten/kann es nicht verändern oder beenden	◯	2
Nicht beurteilbar	◯	9

Döpfner, Lehmkuhl & Steinhausen (2006). Kinder-Diagnostik-System KIDS 1 – Aufmerksamkeitsdefizit- und Hyperaktivitätsstörung (ADHS). Göttingen: Hogrefe.

Auswirkungen

Leidet X darunter oder bekommt er/sie dadurch Ärger in der Schule? Beeinträchtigt es die Beziehung zu Freunden oder Familienmitgliedern?

Keine Beeinträchtigung	○	0
Beeinträchtigung manchmal oder geringfügig	○	1
Starke Beeinträchtigung	○	2
Nicht beurteilbar	○	9

Auffälligkeit (bezieht sich allgemein auf Unaufmerksamkeit)

Bewertet werden sollen Verhaltensweisen, die dem Alter und Entwicklungsstand des Kindes nicht entsprechen. (Eine Bewertung für Schweregrad und Häufigkeit)

Normal	○	0
Leichte Auffälligkeit	○	1
Ausgeprägte Auffälligkeit	○	2
Schwerwiegende Auffälligkeit	○	3
Nicht beurteilbar	○	9

Döpfner, Lehmkuhl & Steinhausen (2006). Kinder-Diagnostik-System KIDS 1 – Aufmerksamkeitsdefizit- und Hyperaktivitätsstörung (ADHS). Göttingen: Hogrefe.

97

ADHS – Elterninterview (ADHS-EI)   Auswertungsblatt

Situationen	Unaufmerk-samkeit	Unruhe	Zappelig-keit	Red-seligkeit	Geräusche
1. Fernsehen	0 1 2 3 9	0 1 2 3 9	0 1 2 3 9	0 1 2 3 9	0 1 2 3 9
2. Lesen	0 1 2 3 9	0 1 2 3 9	0 1 2 3 9	0 1 2 3 9	0 1 2 3 9
3. Einzelbeschäftigung	0 1 2 3 9	0 1 2 3 9	0 1 2 3 9	0 1 2 3 9	0 1 2 3 9
4. Gemeinsames Spiel	0 1 2 3 9	0 1 2 3 9	0 1 2 3 9	0 1 2 3 9	0 1 2 3 9
5. Mahlzeiten	0 1 2 3 9	0 1 2 3 9	0 1 2 3 9	0 1 2 3 9	0 1 2 3 9
6. Einkaufen		0 1 2 3 9		0 1 2 3 9	0 1 2 3 9
7. Familienausflüge		0 1 2 3 9			0 1 2 3 9

	In einer Schlange warten	Am Tisch abwarten	Beim Spiel abwarten	Mit einer Antwort abwarten	Ein Gespräch nicht unter-brechen
8. Impulsivitäts-beurteilung	0 1 2 9	0 1 2 9	0 1 2 9	0 1 2 9	0 1 2 9

	Schweregrad	Selbstkontrolle	Auswirkungen	Auffälligkeit
9. Elterliche Einschät-zung der Hyper-aktivität/Impulsivität	0 1 2 9	0 1 2 9	0 1 2 9	0 1 2 3 9

10. Unaufmerk-samkeit	Koopera-tion	Einzel-heiten beachtet	Fehler beim Aus-führen	Anwei-sungen gehört/ verstan-den	Anwei-sungen befolgt	Aufgabe beendet	Von der Aufgabe abge-lenkt
A. Aufgaben im Haus-halt	0 1 2 3 9	0 1 2 3 9	0 1 2 3 9	0 1 2 3 9	0 1 2 3 9	0 1 2 3 9	0 1 2 3 9
B. Haus-aufgaben	0 1 2 3 9	0 1 2 3 9	0 1 2 3 9	0 1 2 3 9	0 1 2 3 9	0 1 2 3 9	0 1 2 3 9

	Güte	Gesuchtes gefunden	Vergesslichkeit
C. Organisation	0 1 2 3 9	0 1 2 3 9	0 1 2 3 9

	Schweregrad	Selbst-kontrolle	Auswirkungen	Auffälligkeit
11. Elterliche Einschätzung der Unaufmerksamkeit	0 1 2 9	0 1 2 9	0 1 2 9	0 1 2 3 9

Döpfner, Lehmkuhl & Steinhausen (2006). Kinder-Diagnostik-System KIDS 1 – Aufmerksamkeitsdefizit- und Hyperaktivitätsstörung (ADHS). Göttingen: Hogrefe.

4 Verfahren für spezifische Altersgruppen

4.1 Fremdbeurteilungsbogen für Vorschulkinder mit Aufmerksamkeitsdefizit-/Hyperaktivitätsstörungen (FBB-ADHS-V)

Kurzbeschreibung

Beurteiler	Eltern oder Erzieher
Altersbereich	Kinder im Alter von 3 bis 6 Jahren
Autoren	Döpfner, Görtz & Lehmkuhl (2006)
Quelle	Bestandteil des Diagnostik-Systems für Psychische Störungen im Kindes- und Jugendalter nach ICD-10 und DSM-IV (DISYPS-II)
Bezug	Als Einzelverfahren erhältlich

Zielsetzung

Der *Fremdbeurteilungsbogen für Vorschulkinder mit Hyperkinetischen Störungen (FBB-ADHS-V)* dient der Beurteilung von ADHS–Symptomen in ihrer alterstypischen Ausprägung durch Eltern und Erzieher. Ausgehend vom *Fremdbeurteilungsbogen für Aufmerksamkeitsdefizit-/Hyperaktivitätsstörungen (FBB-ADHS)* (siehe Kap. 2.5) wurden Items ersetzt, die für Kinder im Alter von 3 bis 6 Jahren wenig geeignet sind, andere wurden adaptiert.

Aufbau

Der *Fremdbeurteilungsbogen für Vorschulkinder mit Hyperkinetischen Störungen (FBB-ADHS-V) ist* Bestandteil des revidierten Diagnostik-Systems für Psychische Störungen im Kindes- und Jugendalter nach ICD-10 und DSM-IV (DISYPS-II). Dieses System umfasst die im Kindes- und Jugendalter wichtigsten Störungsbereiche. DISYPS-II kombiniert drei Beurteilungsebenen miteinander – das klinische Urteil (in Diagnose-Checklisten, DCL), das Fremdeinschätzung durch Eltern, Lehrer oder Erzieher (in Fremdbeurteilungsbögen, FBB) und das Selbsteinschätzung des Kindes oder Jugendlichen ab dem Alter von 11 Jahren (anhand von Selbstbeurteilungsbögen).

Bei der Entwicklung des *Fremdbeurteilungsbogen für Vorschulkinder mit Hyperkinetischen Störungen (FBB-ADHS-V)* wurden mehrere Items des FBB-HKS ersetzt und andere so umformuliert, dass sie eine altersentsprechende Ausgestaltung der Symptomatik beschreiben.

Die Eltern und Erzieher werden im ersten Teil des Fragebogens gebeten, global die drei Kernsymptome von ADHS (Unaufmerksamkeit, Impulsivität und Hyperaktivität) zu beurteilen. Danach wird die ADHS-Symptomatik nach den für das Vorschulalter modifizierten Kriterien beurteilt. Dieser zweite Teil besteht aus 19 Items, welche die 18 Symptomkriterien erfassen. Das Kriterium B5 der Diagnose-Checkliste, das sich im ICD-10 und im DSM-IV inhaltlich etwas deutlicher unterscheidet, wird in zwei Items erfasst (Item 14 und Item 15). Für jedes Item wird anhand von vierstufigen Antwortskalen beurteilt, wie zutreffend die Beschreibung ist (Symptomausprägung).

Auf der Rückseite werden zusätzliche Diagnosekriterien erfasst. In den Items A1 bis A4 werden die Kriterien für die klinische Bedeutsamkeit nach ICD-10 bzw. DSM-IV erhoben. Die Items B1 und B2 überprüfen den Generalisierungsgrad der Symptomatik auf verschiedene Lebensbereiche. Im Item B3 wird die Mindestdauer der Symptomatik (6 Monate) überprüft. Die Items C1 bis C 13 erfragen komorbide Verhaltens- und Entwicklungsprobleme.

Anwendung

Der Fremdbeurteilungsbogen kann sowohl von den Eltern als auch von Kindergartenerziehern beurteilt werden. Eine Beurteilung durch die Eltern und durch Erzieher hilft den Generalisierungsgrad der Symptomatik zu überprüfen.

Durchführung

Da die Diagnose-Checkliste DCL-ADHS (siehe Kap. 3.4) und der Fremdbeurteilungsbogen FBB-ADHS-V weitgehend aufeinander bezogen sind und jeweils weitgehend identische Items enthalten, können die Angaben in den Fragebögen zur weitergehenden Exploration anhand der Diagnose-Checkliste genutzt werden und die Ergebnisse können miteinander verglichen werden.

Auswertung

Analog zu den Diagnose-Checklisten kann der Bogen kategorial und dimensional ausgewertet werden. Die *kategoriale Auswertung* gibt Hinweise auf die Diagnose einer ADHS nach ICD-10 oder nach DSM-IV auf der Grundlage der Eltern- bzw. Erziehereinschätzungen. Für eine Diagnosestellung müssen die Symptomkriterien in den Diagnose-Checklisten jedoch durch einen Untersucher beurteilt werden. Zur *dimensionalen Auswertung* werden Kennwerte gebildet, indem die Summe der entsprechenden Items durch die Anzahl der Items dividiert wird:

— Kennwert Aufmerksamkeitsstörungen: (Summe Item 1–9)/9
— Kennwert Überaktivität-Impulsivität: (Summe Item 10–19)/10
— Kennwert Hyperkinetische Störungen-Gesamt: (Summe Item 1–19)/19

Die Kennwerte eignen sich:

— zur Bestimmung der Stärke der Symptomausprägung
— zum Vergleich zwischen verschiedenen Beurteilern (Eltern, Erziehern)
— zur Überprüfung von Therapieeffekten im Rahmen der Verlaufskontrolle.

Außerdem ist eine inhaltliche Auswertung auf Item-Ebene für klinische Zwecke ausgesprochen informativ und kann wertvolle Anhaltspunkte für eine Vertiefung der Exploration der Eltern bzw. der Erzieher Lehrer geben.

Reliabilität und Validität

Breuer und Döpfner (2006) untersuchten die Reliabilität und Validität des FBB-ADHS-V in einer bundesweiten Studie, an der 112 Ärzte teilnahmen. Eltern- und Erzieherbögen wurden ergänzt durch ärztliche Beurteilungen von Kindern, die im Rahmen von U8/U9 Vorsorgeuntersuchungen (Repräsentativstichprobe REP) vorgestellt wurden (n = 521) oder als expansiv auffällig eingeschätzt wurden (Auffälligenstichprobe AUF) (n = 187).

Anhand des Elternurteils konnte faktorenanalytisch eine zweifaktorielle Lösung analog der DSM-IV Diagnosekriterien ermittelt werden. Im Erzieherurteil wurden drei Faktoren extrahiert. Die interne Konsistenz der extrahierten Skalen liegt beurteilerübergreifend im guten Bereich. Die Trennschärfekoeffizienten der geänderten Items liegen im mittleren bis hohen Bereich, damit kann von einer äquivalenten Lösung für das Vorschulalter im Vergleich zum Fragebogen für das Schulalter gesprochen werden.

Tabelle 7: Mittelwerte, Standardabweichungen, interne Konsistenzen (Cronbach α) und Trennschärfebereiche der Haupt- und Subskalen im FBB-ADHS-V in der Repräsentativstichprobe (N = 521)

Beurteiler	Skalen	Itemzahl	M	SD	α	Range r_{it}
Eltern	Unaufmerksamkeit	9	0,64	0,52	.88	.45–.76
	Hyperaktivität-Impulsivität	10	0,82	0,65	.92	.50–.77
	Total	19	0,74	0,56	.94	.46–.77
Erzieher	Unaufmerksamkeit	9	0,55	0,57	.89	.36–.76
	Hyperaktivität-Impulsivität	10	0,45	0,53	.90	.48–.72
	Total	19	0,50	0,51	.93	.31–.74

Normen und Grenzwerte

Eine vorläufige Normierung liegt für das Elternurteil und für das Erzieherurteil anhand der U8/U9-Stichprobe der Vier- bis Fünfjährigen vor (Döpfner et al., 2006). Hier werden die Grenzwerte für Jungen und Mädchen gemeinsam dargestellt, da nach den Diagnosesystemen ebenfalls nicht von geschlechtsspezifischen Grenzwerten ausgegangen wird, obwohl Mädchen geringere Auffälligkeiten haben.

Kennwerte (Symptomstärke):

– Kennwert Unaufmerksamkeit: (Summe Item 1–9)/9
– Kennwert Hyperaktivität-Impulsivität: (Summe Item 10–19)/10
– Kennwert ADHS-Gesamt: (Summe Item 1–19)/19

Normtabelle 4: Grenzwerte für FBB-ADHS-V-Kennwerte (Symptomstärke)

Jungen und Mädchen 3–6 Jahre

Auffälligkeit	AUF	HYP-IMP	TOTAL
Elternurteil			
Auffällig (PR > 96)	> 1,8	> 2,3	> 2,0
Grenzbereich (PR 90–96)	> 1,3	> 1,8	> 1,6
Erhöht (PR 78–89)	> 1,0	> 1,1	> 1,1
Erzieherurteil			
Auffällig (PR > 96)	> 1,8	> 1,8	> 1,6
Grenzbereich (PR 90–96)	> 1,4	> 1,4	> 1,3
Erhöht (PR 78–89)	> 0,9	> 0,8	> 0,8

Literatur

Breuer, D. & Döpfner, M. (2006). Konstruktion eines Fragebogens zur Erfassung von Aufmerksamkeitsdefizit-/Hyperaktivitätsstörungen bei Kindern im Vorschulalter. Manuskript, eingereicht zur Publikation.

Döpfner, M. & Lehmkuhl, G. (2000). *Diagnostik-System für Psychische Störungen im Kindes- und Jugendalter nach ICD-10 und DSM-IV (DISYPS-KJ)*, 2. korrigierte und ergänzte Auflage. Bern: Huber.

Döpfner, M., Görtz, A. & Lehmkuhl, G. (2006). *Diagnostik-System für Psychische Störungen im Kindes- und Jugendalter nach ICD-10 und DSM-IV (DISYPS-II)*, 3. vollständig überarbeitete Auflage. Bern: Huber.

DISYPS-II

Beurteilungsbogen für Eltern und Erzieher/-innen für 3–6-jährige Kinder (FBB-ADHS-V)

Name: _____ Alter: _____ Geschlecht: _____ Datum: _____

Kindergartenbesuch: ○ Ja   ○ Nein

beurteilt von: ○ Vater   ○ Mutter   ○ Erzieher/-in ○ Andere

Bitte füllen Sie den Fragebogen vollständig aus und kreuzen Sie die Zahl an, die dem Verhalten des Kindes am besten entspricht.

Wie zutreffend war die Beschreibung?

	gar nicht	ein wenig	weitgehend	besonders

Verhalten des Kindes insgesamt gesehen:

a. Ist sehr unruhig, zappelig oder übermäßig aktiv. Zeigt eine Unruhe, die nur schwer zu begrenzen ist. `0  1  2  3`

b. Ist sehr impulsiv, kann z. B. nur schwer abwarten oder unterbricht andere häufig oder handelt, ohne zu überlegen. `0  1  2  3`

c. Ist sehr unaufmerksam oder ablenkbar oder beendet angefangene Dinge nicht. `0  1  2  3`

`0  1  2  3`

Verhalten des Kindes im Einzelnen:

01. Kann sich nur für kurze Zeit auf ein Spiel oder eine Beschäftigung konzentrieren. `0  1  2  3`

02. Fängt innerhalb kurzer Zeit viele Dinge an und wechselt von einer Tätigkeit zur anderen, macht nichts zu Ende. `0  1  2  3`

03. Scheint oft nicht zuzuhören, wenn andere es ansprechen. `0  1  2  3`

04. Hält sich oft nicht an Anweisungen und schafft es nicht, seine Spiele, Mal- oder Bastelarbeiten zu Ende zu bringen. `0  1  2  3`

05. Weiß oft nicht, was es tun soll, sitzt nur da oder läuft herum, ist an nichts interessiert. `0  1  2  3`

06. Sträubt sich oft gegen Spiele und Beschäftigungen, bei denen es um Ausdauer oder Fingerfertigkeit geht. `0  1  2  3`

07. Kann beim Vorlesen nicht zuhören. Ist beim Anschauen von Bilderbüchern nicht bei der Sache. `0  1  2  3`

08. Lässt sich beim Spiel oder bei Beschäftigungen durch äußere Ereignisse (z. B. Lärm oder Aktivitäten anderer Kinder) leicht ablenken. `0  1  2  3`

09. Ist schnell von etwas begeistert, verliert dann aber leicht das Interesse und hält nicht lange durch. `0  1  2  3`

10. Kann beim Essen oder bei Beschäftigung am Tisch nicht stillsitzen; rutscht auf dem Stuhl herum oder zappelt mit Händen und Beinen oder spielt mit dem Besteck usw. `0  1  2  3`

11. Bleibt oft bei Tisch oder bei anderen Gelegenheiten, wo es auf dem Platz sitzen bleiben müsste, nicht sitzen (z. B. im Stuhlkreis). `0  1  2  3`

12. Rennt oft herum oder klettert überall hoch, auch wo es nicht angebracht ist. `0  1  2  3`

13. Hat oft Schwierigkeiten, ruhig zu spielen oder sich ruhig zu beschäftigen. `0  1  2  3`

14. Ist ständig auf Achse und bleibt nur kurze Zeit an einem Platz. `0  1  2  3`

15. Zeigt durchgängig extreme Unruhe, die durch die Umgebung oder durch Aufforderungen nicht dauerhaft beeinflussbar ist. `0  1  2  3`

Bitte wenden

	Wie zutreffend war die Beschreibung?			
	gar nicht	ein wenig	weitgehend	besonders

16. Redet oder fragt ständig; ist ein richtiges Plappermaul. — 0 1 2 3

17. Spricht fast jede fremde Person an oder hängt sich an fremde Personen. — 0 1 2 3

18. Kann häufig nur schwer warten bis es an der Reihe ist (z. B. bei Spielen oder in einer Gruppe); quengelt und lässt nicht locker. — 0 1 2 3

19. Unterbricht und stört andere häufig (z. B. platzt in die Unterhaltung, Telefongespräche oder Spiele anderer hinein). — 0 1 2 3

Falls bisher keine Verhaltensprobleme vorhanden, bitte weiter mit Frage 27

Die bisher beschriebenen Verhaltensprobleme des Kindes …

A1. … sind insgesamt sehr belastend. — 0 1 2 3

A2. … beeinträchtigen die Fähigkeit des Kindes erheblich, intensiv und ausdauernd zu spielen oder sich selbst zu beschäftigen. — 0 1 2 3

A3. … belasten die Beziehung des Kindes zu den Eltern oder den Erzieher/-innen im Kindergarten erheblich. — 0 1 2 3

A4. … belasten die Beziehungen zu Geschwistern oder anderen Kindern erheblich. — 0 1 2 3

B1. … treten in der Familie auf. — 0 1 2 3

B2. … treten im Kindergarten auf. — 0 1 2 3

B3. … bestehen seit mindestens 6 Monaten. — ○ Ja   ○ Nein

	nicht	etwas / manchmal	genau / häufig

Hat das Kind andere Verhaltensprobleme?

C1. Streitet oder widerspricht viel. — 0 1 2

C2. Wird viel gehänselt. — 0 1 2

C3. Klammert sich an Erwachsene oder ist zu abhängig. — 0 1 2

C4. Ist zu furchtsam oder ängstlich. — 0 1 2

C5. Macht Sachen kaputt, die anderen gehören. — 0 1 2

C6. Ist unglücklich, traurig oder niedergeschlagen. — 0 1 2

C7. Sagt häufig, dass ihm etwas weh tut (ohne bekannte körperliche Ursache). — 0 1 2

C8. Greift andere körperlich an. — 0 1 2

C9. Hat Wutausbrüche oder hitziges Temperament. — 0 1 2

C10. Hat Schlafprobleme (Einschlafen, Durchschlafen). — 0 1 2

C11. Ist beim Sprechen nicht so geschickt wie andere in seinem Alter. — 0 1 2

C12. Ist beim Malen oder Basteln nicht so geschickt wie andere in seinem Alter. — 0 1 2

C13. Ist beim Laufen, Turnen oder Klettern nicht so geschickt wie andere in seinem Alter. — 0 1 2

Vielen Dank für Ihre Mitarbeit

Bestellnummer 03 129 19

4.2 Fragebogen zur Erfassung von ADHS im Erwachsenenalter – Aktuelle Probleme, Selbsteinschätzung (FEA-ASB)

Kurzbeschreibung

Beurteiler	Erwachsene (Selbsturteil)
Altersbereich	ab 18 Jahre
Autoren	Döpfner, Steinhausen & Lehmkuhl (in Vorbereitung)
Quelle	Neuentwicklung
Bezug	Als Einzelverfahren erhältlich

Zielsetzung

Der *Fragebogen zur Erfassung von ADHS im Erwachsenenalter, aktuelle Probleme – Selbstbeurteilung (FEA-ASB)* ist eines von vier aufeinander bezogenen Fragebogenverfahren zur Erfassung von Aufmerksamkeitsdefizit-/Hyperaktivitätsstörungen bei Erwachsenen:

- *Fragebogen zur Erfassung von ADHS im Erwachsenenalter, aktuelle Probleme – Selbstbeurteilung (FEA-ASB)*
- *Fragebogen zur Erfassung von ADHS im Erwachsenenalter, frühere Probleme – Selbstbeurteilung (FEA-FSB;* siehe Kap. 4.3)
- *Fragebogen zur Erfassung von ADHS im Erwachsenenalter, aktuelle Probleme – Fremdbeurteilung (FEA-AFB;* siehe Kap. 4.4)
- *Fragebogen zur Erfassung von ADHS im Erwachsenenalter, frühere Probleme – Fremdbeurteilung (FEA-FFB;* siehe Kap. 4.5)

Der *Fragebogen zur Erfassung von ADHS im Erwachsenenalter, aktuelle Probleme – Selbstbeurteilung (FEA-ASB)* dient der Beurteilung der Diagnosekriterien bezogen auf die aktuelle Problematik für hyperkinetische Störungen nach ICD-10 und für Aufmerksamkeitsdefizit-/Hyperaktivitätsstörungen nach DSM-IV per Selbsteinschätzung durch Erwachsene. Die Diagnosekriterien verlangen, dass die ADHS-Problematik bereits im Kindesalter (eigentlich schon vor dem Einschulungsalter) begonnen haben muss. Daher sollte neben der Beurteilung der aktuellen Problematik auch die frühere Problematik anhand des *Fragebogen zur Erfassung von ADHS im Erwachsenenalter, frühere Probleme – Selbstbeurteilung (FEA-FSB)* erhoben werden. Da die Validität von Selbsteinschätzungen der Beurteilung dieser Symptomatik jedoch insgesamt begrenzt ist, sollte nach Möglichkeit auch eine Fremdeinschätzung sowohl zur aktuellen als auch zur früheren Problematik mit den entsprechenden Verfahren erhoben werden.

Aufbau

Der *Fragebogen zur Erfassung von ADHS im Erwachsenenalter, aktuelle Probleme – Selbstbeurteilung (FEA-ASB)* ist eine Adaptation des *Selbstbeurteilungsbogens für Aufmerksamkeitsdefizit-/Hyperaktivitätsstörungen (SBB-ADHS)* aus dem Diagnostik-System für Psychische Störungen im Kindes- und Jugendalter nach ICD-10 und DSM-IV (DISYPS-KJ) (Döpfner & Lehmkuhl, 2000). Er besteht aus 20 Items, welche die 18 Symptomkriterien erfassen. Das Kriterium B3 der Diagnose-Checkliste ist in zwei Items (Item 13 und Item 14) aufgespalten und auch das Kriterium B5, das sich im ICD-10 und im DSM-IV inhaltlich unterscheidet, wird in zwei Items erfasst (Item 15 und Item 16). Der Patient beurteilt für jedes Item anhand einer vierstufigen Antwortskalen, wie zutreffend die Beschreibung ist (Symptomausprägung).

Auf der Rückseite werden zusätzliche Diagnosekriterien erfasst. In den Items A1 bis A5 werden die Kriterien für die klinische Bedeutsamkeit nach ICD-10 bzw. DSM-IV erhoben.

Anwendung

Vorraussetzung für die Anwendung ist eine hinreichende Lesefähigkeit des Patienten.

Durchführung

Zusammen mit der Selbsteinschätzung früherer Probleme (FEA-FSB; siehe Kap. 4.3) und mit der Fremdbeurteilung aktueller Probleme (FEA-AFB; siehe Kap. 4.4) und früherer Probleme (FEA-FFB; siehe Kap. 4.5) lässt sich ein Bild über die aktuelle und die frühere Problematik in der Selbst- und Fremdeinschätzung gewinnen. Die Angaben in dem Fragebogen können zur weitergehenden Exploration einer Aufmerksamkeitsdefizit-/Hyperaktivitätsstörung dienen, die anhand der Diagnose-Checkliste DCL-ADHS (siehe Kap. 3.4) durchgeführt werden kann.

Auswertung

Analog zu den Diagnose-Checklisten kann der Bogen kategorial und dimensional ausgewertet werden. Die *kategoriale Auswertung* gibt Hinweise auf die Diagnose einer hyperkinetischen Störung nach ICD-10 oder nach DSM-IV auf der Grundlage der Selbsteinschätzung. Für eine Diagnosestellung müssen die Symptomkriterien in den Diagnose-Checklisten jedoch durch einen Untersucher beurteilt werden. Allerdings setzt eine Diagnose nicht nur eine entsprechende aktuelle Symptomatik voraus; zusätzlich müssen entsprechende Symptome bereits im Kindesalter vorhanden gewesen sein. Dies kann durch den *Fragebogen zur Erfassung von ADHS im Erwachsenenalter, frühere Probleme – Selbstbeurteilung (FEA-FSB;* siehe Kap. 4.3) und durch den *Fragebogen zur Erfassung von ADHS im Erwachsenenalter, frühere Probleme – Fremdbeurteilung (FEA-FFB;* siehe Kap. 4.5) erfolgen.

Zur *dimensionalen Auswertung* werden analog zu den Diagnose-Checklisten Kennwerte gebildet, indem die Summe der entsprechenden Items durch die Anzahl der Items dividiert wird:

- Kennwert Aufmerksamkeitsstörungen: (Summe Item 1–9)/9
- Kennwert Überaktivität: (Summe Item 10–16)/7
- Kennwert Impulsivität: (Summe Item 17–20)/4
- Kennwert ADHS-gesamt: (Summe Item 1–20)/20

Die Kennwerte eignen sich:

- zur Bestimmung der aktuellen Stärke der Symptomausprägung aus der Sicht des Patienten
- zum Vergleich zwischen der vom Patienten selbst beurteilten aktuellen und früheren Symptomatik (anhand des *Fragebogens zur Erfassung von ADHS im Erwachsenenalter, frührere Probleme – Selbstbeurteilung (FEA-FSB);* siehe Kap. 4.3)
- zum Vergleich zwischen der vom Patienten selbst und von Bezugspersonen beurteilten aktuellen Symptomatik (anhand des *Fragebogens zur Erfassung von ADHS im Erwachsenenalter, aktuelle Probleme – Fremdbeurteilung (FEA-AFB);* siehe Kap. 4.4)
- zur Überprüfung von Therapieeffekten im Rahmen der Verlaufskontrolle aus der Sicht des Patienten.

Außerdem ist eine inhaltliche Auswertung auf Item-Ebene für klinische Zwecke ausgesprochen informativ. Die Angaben des Patienten können wichtige Anhaltspunkte für eine vertiefende Exploration bilden, vor allem dann, wenn auch die Angaben des Patienten hinsichtlich der früheren Problematik (im *Fragebogen zur Erfassung von ADHS im Erwachsenenalter, frühere Probleme – Selbstbeurteilung (FEA-FSB)* und wenn

Beurteilungen von Bezugspersonen auf den entsprechenden Versionen vorliegen.

Reliabilität und Validität

Untersuchungen zur Reliabilität und Validität werden gegenwärtig durchgeführt.

Normen und Grenzwerte

Es liegen noch keine Normen oder Grenzwerte vor, als orientierende Bandbreiten für die Skalenkennwerte für Aufmerksamkeitsstörungen, Überaktivität und Impulsivität sowie Gesamtauffälligkeit (jeweils gebildet: Summe der Itemrohwerte/Anzahl der Items) können die in Normtabelle 5 aufgeführten Grenzwerte verwendet werden:

Normtabelle 5: Orientierende Bandbreiten für die Beurteilung der Skalenkennwerte im Fragebogen zur Erfassung von ADHS im Erwachsenenalter, aktuelle Probleme – Selbstbeurteilung (FEA-ASB)

Skalenkennwert	Symptomstärke
0,5–1,0	gering
1,0–1,5	mittel
über 1,5	hoch

Literatur

Adam, C., Döpfner, M. & Lehmkuhl, G. (2002). Der Verlauf von Aufmerksamkeitsdefizit-/Hyperaktivitätsstörungen (ADHS) im Jugend- und Erwachsenenalter. *Kindheit und Entwicklung, 11,* 73–81.

Döpfner, M. & Lehmkuhl, G. (2000). *Diagnostik-System für Psychische Störungen im Kindes- und Jugendalter nach ICD-10 und DSM-IV (DISYPS-KJ),* 2. korrigierte und ergänzte Auflage. Bern: Huber.

Lehmkuhl, G., Adam, C., Frölich, J., Sevecke, K. & Döpfner, M. (2004). *Aufmerksamkeitsdefizit-/Hyperaktivitätsstörungen im Kindes-, Jugend- und Erwachsenenalter.* Bremen: UNI-MED.

Fragebogen zur Erfassung von ADHS im Erwachsenenalter

Aktuelle Probleme, Selbstbeurteilung (FEA-ASB)

Name: .... Alter: .... Geschlecht: .... Datum: ....

Berufsausbildung: .... Gegenwärtige Tätigkeit: ....

Kreuzen Sie bitte für jede Beschreibung die Zahl an, die angibt, wie zutreffend diese Beschreibung für Sie ist, bezogen auf die letzten sechs Monate.

Wie zutreffend war die Beschreibung?

	gar nicht	ein wenig	weitgehend	besonders

		gar nicht	ein wenig	weitgehend	besonders
01.	Es fällt mir oft schwer, Einzelheiten zu beachten oder Flüchtigkeitsfehler zu vermeiden, z.B. bei Schreibarbeiten oder bei anderen Tätigkeiten in der Ausbildung oder am Arbeitsplatz.	0	1	2	3
02.	Es fällt mir oft schwer, mich bei beruflichen Aufgaben oder bei Hobbies dauerhaft zu konzentrieren.	0	1	2	3
03.	Ich kann häufig nicht richtig zuhören, wenn ich direkt angesprochen werde.	0	1	2	3
04.	Ich habe oft Schwierigkeiten, Anleitungen zu folgen und Arbeiten zu Ende zu bringen.	0	1	2	3
05.	Ich habe oft Schwierigkeiten, Aufgaben oder Aktivitäten zu organisieren.	0	1	2	3
06.	Ich vermeide oft Aufgaben, bei denen ich mich länger konzentrieren und anstrengen muss oder ich mache sie nur widerwillig.	0	1	2	3
07.	Ich verliere oft Gegenstände, die für bestimmte Aufgaben oder Aktivitäten nötig sind (z.B. Schlüssel, Arbeitsunterlagen, Bücher oder Werkzeug).	0	1	2	3
08.	Ich bin leicht ablenkbar.	0	1	2	3
09.	Ich bin im Alltag häufig vergesslich.	0	1	2	3
10.	Meine Hände und Füße sind ständig in Bewegung und ich kann nicht ruhig sitzen bleiben.	0	1	2	3
11.	Ich stehe oft in Situationen auf, in denen es unpassend ist.	0	1	2	3
12.	Es fällt mir schwer, mich mit Freizeitaktivitäten ruhig zu beschäftigen.	0	1	2	3
13.	Ich springe häufig auf und laufe herum, wenn es unpassend ist.	0	1	2	3
14.	Ich fühle mich oft unruhig und nervös.	0	1	2	3
15.	Ich bin ständig und in einem starken Ausmaß in Bewegung und kann darin kaum durch andere begrenzt werden.	0	1	2	3
16.	Ich bin häufig «auf Achse».	0	1	2	3
17.	Ich platze häufig mit Antworten heraus, bevor Fragen zu Ende gestellt sind.	0	1	2	3
18.	Ich kann häufig nur schwer warten, bis ich an der Reihe bin (z.B. bei Warteschlangen oder in einer Gruppe).	0	1	2	3
19.	Ich unterbreche oder störe andere häufig (z.B. im Gespräch).	0	1	2	3
20.	Ich rede häufig übermäßig viel.	0	1	2	3

Bitte wenden

Beantworten Sie bitte abschließend noch folgende Fragen, wenn zumindest eines der auf der ersten Seite beschriebenen Verhaltensprobleme für Sie zutrifft.

	Wie zutreffend war die Beschreibung?			
	gar nicht	ein wenig	weitgehend	besonders
A1. Die beschriebenen Probleme sind für mich insgesamt sehr belastend.	0	1	2	3
A2. Die beschriebenen Probleme beeinträchtigen meine Leistungsfähigkeit in der Ausbildung oder bei der Arbeit erheblich.	0	1	2	3
A3. Die beschriebenen Probleme beeinträchtigen meine Beziehungen zu Vorgesetzten oder Lehrer/-innen erheblich.	0	1	2	3
A4. Die beschriebenen Probleme beeinträchtigen meine Beziehungen zu Partner/-in, Eltern, Freund/-innen oder Arbeitskolleg/-innen erheblich.	0	1	2	3
A5. Die beschriebenen Probleme beeinträchtigen mich in der Freizeit oder bei meinen Hobbies erheblich.	0	1	2	3

Bemerkungen:

Vielen Dank für Ihre Mitarbeit

Bestellnummer 03 126 03

4.3 Fragebogen zur Erfassung von ADHS im Erwachsenenalter, frühere Probleme – Selbstbeurteilung (FEA-FSB)

Kurzbeschreibung

Beurteiler	Erwachsene (Selbsturteil)
Altersbereich	ab 18 Jahre
Autoren	Döpfner, Steinhausen & Lehmkuhl (in Vorbereitung)
Quelle	Neuentwicklung
Bezug	Als Einzelverfahren erhältlich

Zielsetzung

Der *Fragebogen zur Erfassung von ADHS im Erwachsenenalter, frühere Probleme – Selbstbeurteilung (FEA-FSB)* ist eines von vier aufeinander bezogenen Fragebogenverfahren zur Erfassung von Aufmerksamkeitsdefizit-/Hyperaktivitätsstörungen bei Erwachsenen:

- *Fragebogen zur Erfassung von ADHS im Erwachsenenalter, aktuelle Probleme – Selbstbeurteilung (FEA-ASB; siehe Kap. 4.2)*
- *Fragebogen zur Erfassung von ADHS im Erwachsenenalter, aktuelle Probleme – Fremdbeurteilung (FEA-AFB; siehe Kap. 4.4)*
- *Fragebogen zur Erfassung von ADHS im Erwachsenenalter, frühere Probleme – Selbstbeurteilung (FEA-FSB)*
- *Fragebogen zur Erfassung von ADHS im Erwachsenenalter, frühere Probleme – Fremdbeurteilung (FEA-FFB; siehe Kap. 4.5)*

Der *Fragebogen zur Erfassung von ADHS im Erwachsenenalter, frühere Probleme – Selbstbeurteilung (FEA-FSB)* dient der Beurteilung der Diagnosekriterien bezogen auf die frühere Problematik für Hyperkinetische Störungen nach ICD-10 und für Aufmerksamkeitsdefizit-/Hyperaktivitätsstörungen nach DSM-IV per Selbsteinschätzung durch Erwachsene. Dabei wird das Verhalten in der Grundschulzeit (im Alter von etwa sechs bis zwölf Jahren) abgefragt, weil die Diagnosekriterien verlangen, dass die ADHS-Problematik vor dem Einschulungsalter begonnen haben muss, üblicherweise aber die Problematik vor allem im Grundschulalter besonders heftig ist und deshalb am besten erinnert werden kann. Falls in diesem Altersbereich keine ausgeprägten Probleme vorlagen, kann davon ausgegangen werden, dass keine ADHS vorliegt. Allerdings kann die Erinnerung der Patienten selbst deutlich beeinträchtigt sein und insgesamt ist die Selbsteinschätzung von Patienten bei der Beurteilung dieser Problematik häufig nicht hinreichend valide. Daher kann in einem parallelen Bogen, dem *Fragebogen zur Erfassung von ADHS im Erwachsenenalter, frühere Probleme – Fremdbeurteilung (FEA-FFB)* das Fremdeinschätzung, beispielsweise der Eltern des Patienten oder von Geschwistern erhoben werden.

Aufbau

Der *Fragebogen zur Erfassung von ADHS im Erwachsenenalter, frühere Probleme – Selbstbeurteilung (FEA-FSB)* ist eine Adaptation des *Selbstbeurteilungsbogens für Hyperkinetische Störungen (SBB-HKS)* aus dem Diagnostik-System für Psychische Störungen im Kindes- und Jugendalter nach ICD-10 und DSM-IV (DISYPS-KJ) (Döpfner & Lehmkuhl, 2000). Die Patienten werden gebeten, retrospektiv das Ausmaß der ADHS-Problematik im Grundschulalter auf 20 Items zu beurteilen, welche die 18 Symptomkriterien erfassen. Das Kriterium B3 der Diagnose-Checkliste ist in zwei Items (Item 13 und Item 14) aufgespalten und auch das Kriterium B5, das sich im ICD-10 und im DSM-IV inhaltlich unterscheidet, wird in zwei Items erfasst (Item 15 und Item 16). Der Patient beurteilt für jedes Item anhand einer vierstufigen Antwortskala, wie zutreffend die Beschreibung ist (Symptomausprägung).

Auf der Rückseite werden zusätzliche Diagnosekriterien erfasst. In den Items A1 bis A5 werden die Kriterien für die klinische Bedeutsamkeit der damaligen Problematik nach ICD-10 bzw. DSM-IV erhoben.

Anwendung

Vorraussetzung für die Anwendung ist eine hinreichende Lesefähigkeit des Patienten.

Durchführung

Zusammen mit der Selbstbeurteilung der aktuellen Probleme (FEA-ASB; siehe Kap. 4.2) und mit der Fremdbeurteilung der aktuellen Probleme (FEA-AFB; siehe Kap. 4.4) und früherer Probleme (FEA-FFB; siehe Kap. 4.5) lässt sich ein Bild über die aktuelle und die frühere Problematik im Selbst- und im Fremdurteil gewinnen. Die Angaben in dem Fragebogen können zur weitergehenden Exploration einer Aufmerksamkeitsdefizit-/Hyperaktivitätsstörung dienen, die anhand der Diagnose-Checkliste DCL-HKS (siehe Kap. 3.4) durchgeführt werden kann.

Auswertung

Analog zu den Diagnose-Checklisten kann der Bogen kategorial und dimensional ausgewertet werden. Die *kategoriale Auswertung* gibt Hinweise auf die Diagnose einer hyperkinetischen Störung nach ICD-10 oder nach DSM-IV auf der Grundlage der Selbsteinschätzung. Für eine Diagnosestellung müssen die Symptomkriterien in den Diagnose-Checklisten jedoch durch einen Untersucher beurteilt werden. Allerdings setzt die Diagnose eine entsprechende aktuelle und frühere Symptomatik voraus. Dies kann durch die anderen Formen des ADHS-Fragebogens für Erwachsene überprüft werden.

Zur *dimensionalen Auswertung* werden analog zu den Diagnose-Checklisten Kennwerte gebildet, indem die Summe der entsprechenden Items durch die Anzahl der Items dividiert wird:

– Kennwert Aufmerksamkeitsstörungen: (Summe Item 1–9)/9
– Kennwert Überaktivität: (Summe Item 10–16)/7
– Kennwert Impulsivität: (Summe Item 17–20)/4
– Kennwert ADHS-gesamt: (Summe Item 1–20)/20

Die Kennwerte eignen sich:

– zur Bestimmung der früheren Stärke der Symptomausprägung aus der Sicht des Patienten
– zum Vergleich zwischen der vom Patienten selbst beurteilten aktuellen und früheren Symptomatik (anhand des *Fragebogens zur Erfassung von ADHS im Erwachsenenalter, aktuelle Probleme – Selbstbeurteilung, FEA-ASB;* siehe Kap. 4.2)
– zum Vergleich zwischen der vom Patienten selbst und von Bezugspersonen beurteilten früheren Symptomatik (anhand des *Fragebogen zur Erfassung von ADHS im Erwachsenenalter, frühere Probleme – Fremdbeurteilung, FEA-FFB;* siehe Kap. 4.5)
– zur Überprüfung von Therapieeffekten im Rahmen der Verlaufskontrolle aus der Sicht des Patienten.

Außerdem ist eine inhaltliche Auswertung auf Item-Ebene für klinische Zwecke ausgesprochen informativ. Die Angaben des Patienten können wichtige Anhaltspunkte für eine vertiefende Exploration bilden, vor allem dann, wenn auch die Angaben des Patienten hinsichtlich der aktuellen Problematik (im *Fragebogen zur Erfassung von ADHS im Erwachsenenalter, aktuelle Probleme – Selbstbeurteilung, FEA-ASB*) und wenn Beurteilungen von Bezugspersonen auf den entsprechenden Versionen vorliegen.

Reliabilität und Validität

Untersuchungen zur Reliabilität und Validität werden gegenwärtig durchgeführt.

Normen und Grenzwerte

Es liegen noch keine Normen oder Grenzwerte vor, als orientierende Bandbreiten für die Skalenkennwerte für Aufmerksamkeitsstörungen, Überaktivität und Impulsivität sowie Gesamtauffälligkeit (jeweils gebildet: Summe der Itemrohwerte/Anzahl der Items) können die in Normtabelle 6 aufgeführten Werte verwendet werden:

Normtabelle 6: Orientierende Bandbreiten für die Beurteilung der Skalenkennwerte im Fragebogen zur Erfassung von ADHS im Erwachsenenalter, frühere Probleme – Selbstbeurteilung (FEA-FSB)

Skalenkennwert	Symptomstärke
0,5–1,0	gering
1,0–1,5	mittel
über 1,5	hoch

Literatur

Adam, C., Döpfner, M. & Lehmkuhl, G. (2002). Der Verlauf von Aufmerksamkeitsdefizit-/Hyperaktivitätsstörungen (ADHS) im Jugend- und Erwachsenenalter. *Kindheit und Entwicklung, 11,* 73–81.

Döpfner, M. & Lehmkuhl, G. (2000). *Diagnostik-System für Psychische Störungen im Kindes- und Jugendalter nach ICD-10 und DSM-IV (DISYPS-KJ),* 2. korrigierte und ergänzte Auflage. Bern: Huber.

Lehmkuhl, G., Adam, C., Frölich, J., Sevecke, K. & Döpfner, M. (2004). *Aufmerksamkeitsdefizit-/Hyperaktivitätsstörungen im Kindes-, Jugend- und Erwachsenenalter.* Bremen: UNI-MED.

Fragebogen zur Erfassung von ADHS im Erwachsenenalter

Frühere Probleme, Selbstbeurteilung (FEA-FSB)

Name: .... Alter: .... Geschlecht: .... Datum: ....

Berufsausbildung: .... Gegenwärtige Tätigkeit: ....

Kreuzen Sie bitte für jede Beschreibung die Zahl an, die angibt, wie zutreffend diese Beschreibung für Sie war, als Sie etwa sechs bis zwölf Jahre alt waren (etwa in der Grundschulzeit)?

Wie zutreffend war die Beschreibung?

	gar nicht	ein wenig	weitgehend	besonders
01. Es fiel mir oft schwer, Einzelheiten zu beachten oder Flüchtigkeitsfehler zu vermeiden, z. B. bei Schularbeiten oder bei anderen Tätigkeiten.	0	1	2	3
02. Es fiel mir oft schwer, mich bei Aufgaben oder beim Spiel dauerhaft zu konzentrieren.	0	1	2	3
03. Ich konnte häufig nicht richtig zuhören, wenn ich direkt angesprochen wurde.	0	1	2	3
04. Ich hatte oft Schwierigkeiten, Aufträge von anderen vollständig durchzuführen und Schularbeiten oder andere Arbeiten zu Ende zu bringen.	0	1	2	3
05. Ich hatte oft Schwierigkeiten, Aufgaben oder Aktivitäten zu organisieren.	0	1	2	3
06. Ich habe oft Aufgaben vermieden, bei denen ich mich länger konzentrieren und anstrengen musste oder ich habe sie nur widerwillig gemacht.	0	1	2	3
07. Ich habe oft Gegenstände verloren, die für bestimmte Aufgaben oder Aktivitäten nötig waren (z. B. Spielsachen, Hausaufgabenhefte, Schlüssel oder Bücher).	0	1	2	3
08. Ich war leicht ablenkbar.	0	1	2	3
09. Ich war im Alltag häufig vergesslich.	0	1	2	3
10. Meine Hände und Füße waren ständig in Bewegung und ich konnte nicht ruhig sitzen bleiben.	0	1	2	3
11. Ich stand oft im Unterricht oder in anderen Situationen auf, in denen es unpassend war.	0	1	2	3
12. Es fiel mir schwer, ruhig zu spielen oder mich mit Freizeitaktivitäten ruhig zu beschäftigen.	0	1	2	3
13. Ich bin häufig aufgesprungen und herumgelaufen, wenn es unpassend war.	0	1	2	3
14. Ich fühlte mich oft unruhig und nervös.	0	1	2	3
15. Ich war ständig und in einem starken Ausmaß in Bewegung und konnte darin auch kaum durch andere begrenzt werden.	0	1	2	3
16. Ich war häufig «auf Achse».	0	1	2	3
17. Ich platzte häufig mit Antworten heraus, bevor Fragen zu Ende gestellt waren.	0	1	2	3
18. Ich konnte häufig nur schwer warten, bis ich an der Reihe war (z. B. bei Spielen oder in einer Gruppe).	0	1	2	3
19. Ich unterbrach oder störte andere häufig (z. B. beim Spiel oder im Gespräch).	0	1	2	3
20. Ich redete häufig übermäßig viel.	0	1	2	3

Bitte wenden

Beantworten Sie bitte abschließend noch folgende Fragen, wenn zumindest eines der auf der ersten Seite beschriebenen Verhaltensprobleme für Sie im Alter von sechs bis zwölf Jahren zutraf.

	Wie zutreffend war die Beschreibung?			
	gar nicht	ein wenig	weitgehend	besonders
A1. Die beschriebenen Probleme waren damals für mich insgesamt sehr belastend.	0	1	2	3
A2. Die beschriebenen Probleme beeinträchtigten damals meine Leistungsfähigkeit in der Schule erheblich.	0	1	2	3
A3. Die beschriebenen Probleme beeinträchtigten damals meine Beziehungen zu Lehrer/-innen erheblich.	0	1	2	3
A4. Die beschriebenen Probleme beeinträchtigten damals meine Beziehungen zu Eltern, Freund/-innen oder Klassenkamerad/-innen erheblich.	0	1	2	3
A5. Die beschriebenen Probleme beeinträchtigten mich in der Freizeit oder bei meinen Hobbys erheblich.	0	1	2	3

Bemerkungen:

Vielen Dank für Ihre Mitarbeit

Bestellnummer 03 126 05

4.4 Fragebogen zur Erfassung von ADHS im Erwachsenenalter, aktuelle Probleme – Fremdbeurteilung (FEA-AFB)

Kurzbeschreibung		
Beurteiler	Erwachsene (Fremdurteil)	
Altersbereich	ab 18 Jahre	
Autoren	Döpfner, Steinhausen & Lehmkuhl (in Vorbereitung)	
Quelle	Neuentwicklung	
Bezug	Als Einzelverfahren erhältlich	

Zielsetzung

Der *Fragebogen zur Erfassung von ADHS im Erwachsenenalter, aktuelle Probleme – Fremdbeurteilung (FEA-AFB)* ist eines von vier aufeinander bezogenen Fragebogenverfahren zur Erfassung von Aufmerksamkeitsdefizit-/Hyperaktivitätsstörungen bei Erwachsenen:

– *Fragebogen zur Erfassung von ADHS im Erwachsenenalter, aktuelle Probleme – Selbstbeurteilung (FEA-ASB;* siehe Kap. 4.2)
– *Fragebogen zur Erfassung von ADHS im Erwachsenenalter, aktuelle Probleme – Fremdbeurteilung (FEA-AFB)*
– *Fragebogen zur Erfassung von ADHS im Erwachsenenalter, frühere Probleme – Selbstbeurteilung (FEA-FSB;* siehe Kap. 4.4)
– *Fragebogen zur Erfassung von ADHS im Erwachsenenalter, frühere Probleme – Fremdbeurteilung (FEA-FFB;* siehe Kap. 4.5)

Der *Fragebogen zur Erfassung von ADHS im Erwachsenenalter, aktuelle Probleme – Fremdbeurteilung (FEA-AFB)* dient der Beurteilung der Diagnosekriterien bezogen auf die aktuelle Problematik für Hyperkinetische Störungen nach ICD-10 und für Aufmerksamkeitsdefizit-/Hyperaktivitätsstörungen nach DSM-IV per Fremdeinschätzung durch Erwachsene, beispielsweise durch die Eltern oder die Geschwister des Patienten. Die Diagnosekriterien verlangen, dass die ADHS-Problematik bereits im Kindesalter (eigentlich schon vor dem Einschulungsalter) begonnen haben muss. Daher sollte neben der Beurteilung der aktuellen Problematik auch die frühere Problematik anhand des *Fragebogens zur Erfassung von ADHS im Erwachsenenalter, frühere Probleme – Selbstbeurteilung (FEA-FSB)* erhoben werden. Obwohl die Validität von Selbsteinschätzungen bei der Beurteilung dieser Symptomatik begrenzt ist, sollte neben der Fremdeinschätzung auf jeden Fall auch das Selbsturteil erhoben werden.

Aufbau

Der *Fragebogen zur Erfassung von ADHS im Erwachsenenalter, aktuelle Probleme – Fremdbeurteilung (FEA-AFB)* ist eine Adaptation des *Fremdbeurteilungsbogens für Hyperkinetische Störungen (FBB-HKS)* aus dem Diagnostik-System für Psychische Störungen im Kindes- und Jugendalter nach ICD-10 und DSM-IV (DISYPS-KJ) (Döpfner & Lehmkuhl, 2000). Er besteht aus 20 Items, welche die 18 Symptomkriterien erfassen. Das Kriterium B3 der Diagnose-Checkliste ist in zwei Items (Item 13 und Item 14) aufgespalten und auch das Kriterium B5, das sich im ICD-10 und im DSM-IV inhaltlich unterscheidet, wird in zwei Items erfasst (Item 15 und Item 16). Der Patient beurteilt für jedes Item anhand einer vierstufigen Antwortskalen, wie zutreffend die Beschreibung ist (Symptomausprägung).

Auf der Rückseite werden zusätzliche Diagnosekriterien erfasst. In den Items A1 bis A5 werden die Kriterien für die klinische Bedeutsamkeit nach ICD-10 bzw. DSM-IV erhoben.

Anwendung

Voraussetzung für die Anwendung ist eine hinreichende Lesefähigkeit der Bezugspersonen.

Durchführung

Zusammen mit der Fremdeinschätzung früherer Probleme (FEA-FFB; siehe Kap. 4.5) und mit der Selbstbeurteilung aktueller Probleme (FEA-ASB; siehe Kap. 4.2) und früherer Probleme (FEA-FSB; siehe Kap. 4.3) lässt sich ein Bild über die aktuelle und die frühere Problematik im Selbst- und im Fremdeinschätzung gewinnen. Die Angaben in dem Fragebogen können zur weitergehenden Exploration einer Aufmerksamkeitsdefizit-/Hyperaktivitätsstörung dienen, die anhand der Diagnose-Checkliste DCL-HKS (siehe Kap. 3.4) durchgeführt werden kann.

Auswertung

Analog zu den Diagnose-Checklisten kann der Bogen kategorial und dimensional ausgewertet werden. Die *kategoriale Auswertung* gibt Hinweise auf die Diagnose einer hyperkinetischen Störung nach ICD-10 oder nach DSM-IV auf der Grundlage der Selbsteinschätzung. Für eine Diagnosestellung müssen die Symptomkriterien in den Diagnose-Checklisten jedoch durch einen Untersucher beurteilt werden. Allerdings setzt eine Diagnose nicht nur eine entsprechende aktuelle Symptomatik voraus; zusätzlich müssen entsprechende Symptome bereits im Kindesalter vorhanden gewesen sein. Dies kann durch den *Fragebogen zur Erfassung von ADHS im Erwachsenenalter, frühere Probleme – Selbstbeurteilung (FEA-FSB;* siehe Kap. 4.3) und durch den *Fragebogen zur Erfassung von ADHS im Erwachsenenalter, frühere Probleme – Fremdbeurteilung (FEA-FFB)* erfolgen.

Zur *dimensionalen Auswertung* werden analog zu den Diagnose-Checklisten Kennwerte gebildet, indem die Summe der entsprechenden Items durch die Anzahl der Items dividiert wird:

- Kennwert Aufmerksamkeitsstörungen: (Summe Item 1–9)/9
- Kennwert Überaktivität: (Summe Item 10–16)/7
- Kennwert Impulsivität: (Summe Item 17–20)/4
- Kennwert ADHS-gesamt: (Summe Item 1–20)/20

Die Kennwerte eignen sich:

- zur Bestimmung der aktuellen Stärke der Symptomausprägung aus der Sicht der Bezugsperson
- zum Vergleich zwischen der von der Bezugsperson beurteilten aktuellen und früheren Symptomatik (anhand des *Fragebogens zur Erfassung von ADHS im Erwachsenenalter, frühere Probleme – Fremdbeurteilung (FEA-FFB;* siehe Kap. 4.4)
- zum Vergleich zwischen der vom Patienten selbst und von Bezugspersonen beurteilten aktuellen Symptomatik (anhand des *Fragebogens zur Erfassung von ADHS im Erwachsenenalter, aktuelle Probleme – Selbstbeurteilung (FEA-ASB;* siehe Kap. 4.2)
- zur Überprüfung von Therapieeffekten im Rahmen der Verlaufskontrolle aus der Sicht des Patienten.

Außerdem ist eine inhaltliche Auswertung auf Item-Ebene für klinische Zwecke ausgesprochen informativ. Die Angaben der Bezugsperson können wichtige Anhaltspunkte für eine vertiefende Exploration bilden, vor allem dann, wenn auch die Angaben der Bezugsperson hinsichtlich der früheren Problematik (im *Fragebogen zur Erfassung von ADHS im Erwachsenenalter, frühere Probleme – Fremdbeurteilung (FEA-FFB)* und wenn Beurteilungen des Patienten selbst auf den entsprechenden Versionen vorliegen.

Reliabilität und Validität

Untersuchungen zur Reliabilität und Validität werden gegenwärtig durchgeführt.

Normen und Grenzwerte

Es liegen noch keine Normen oder Grenzwerte vor, als orientierende Bandbreiten für die Skalenkennwerte für Aufmerksamkeitsstörungen, Überaktivität und Impulsivität sowie Gesamtauffälligkeit (jeweils gebildet: Summe der Itemrohwerte/Anzahl der Items) können die in Normtabelle 7 aufgeführten Werte verwendet werden:

Normtabelle 7: Orientierende Bandbreiten für die Beurteilung der Skalenkennwerte im Fragebogen zur Erfassung von ADHS im Erwachsenenalter, aktuelle Probleme – Fremdbeurteilung (FEA-AFB)

Skalenkennwert	Symptomstärke
0,5–1,0	gering
1,0–1,5	mittel
über 1,5	hoch

Literatur

Adam, C., Döpfner, M. & Lehmkuhl, G. (2002). Der Verlauf von Aufmerksamkeitsdefizit-/Hyperaktivitätsstörungen (ADHS) im Jugend- und Erwachsenenalter. *Kindheit und Entwicklung, 11,* 73–81.

Döpfner, M. & Lehmkuhl, G. (2000). *Diagnostik-System für Psychische Störungen im Kindes- und Jugendalter nach ICD-10 und DSM-IV (DISYPS-KJ),* 2. korrigierte und ergänzte Auflage. Bern: Huber.

Lehmkuhl, G., Adam, C., Frölich, J., Sevecke, K. & Döpfner, M. (2004). *Aufmerksamkeitsdefizit-/Hyperaktivitätsstörungen im Kindes-, Jugend- und Erwachsenenalter.* Bremen: UNI-MED.

Fragebogen zur Erfassung von ADHS im Erwachsenenalter

Aktuelle Probleme, Fremdbeurteilung (FEA-AFB)

Name: Alter: Geschlecht: Datum:

Berufsausbildung: Gegenwärtige Tätigkeit:

Ausgefüllt von:

Art der Beziehung zur beurteilten Person (z. B. Vater, Mutter)

Kreuzen Sie bitte für jede Beschreibung die Zahl an, die angibt, wie zutreffend diese Beschreibung für _____ **ist, bezogen auf die letzten sechs Monate.**
Wie zutreffend sind die folgenden Beschreibungen?

	Wie zutreffend war die Beschreibung?			
	gar nicht	ein wenig	weitgehend	besonders
01. Es fällt ihm / ihr oft schwer, Einzelheiten zu beachten oder Flüchtigkeitsfehler zu vermeiden, z. B. bei Schreibarbeiten oder bei anderen Tätigkeiten in der Ausbildung oder am Arbeitsplatz.	0	1	2	3
02. Es fällt ihm / ihr oft schwer, sich bei beruflichen Aufgaben oder bei Hobbies dauerhaft zu konzentrieren.	0	1	2	3
03. Er / Sie kann häufig nicht richtig zuhören, wenn er / sie direkt angesprochen wird.	0	1	2	3
04. Er / Sie hat oft Schwierigkeiten, Anleitungen zu folgen und Arbeiten zu Ende zu bringen.	0	1	2	3
05. Er / Sie hat oft Schwierigkeiten, Aufgaben oder Aktivitäten zu organisieren.	0	1	2	3
06. Er / Sie vermeidet oft Aufgaben, bei denen er / sie sich länger konzentrieren und anstrengen muss oder er / sie macht sie nur widerwillig.	0	1	2	3
07. Er / Sie verliert oft Gegenstände, die für bestimmte Aufgaben oder Aktivitäten nötig sind (z.B. Schlüssel, Arbeitsunterlagen, Bücher oder Werkzeug).	0	1	2	3
08. Er / Sie ist leicht ablenkbar.	0	1	2	3
09. Er / Sie ist im Alltag häufig vergesslich.	0	1	2	3
10. Seine / Ihre Hände und Füße sind ständig in Bewegung und er / sie kann nicht ruhig sitzen bleiben.	0	1	2	3
11. Er / Sie steht oft in Situationen auf, in denen es unpassend ist.	0	1	2	3
12. Es fällt ihm / ihr schwer, sich mit Freizeitaktivitäten ruhig zu beschäftigen.	0	1	2	3
13. Er / Sie springt häufig auf und läuft herum, wenn es unpassend ist.	0	1	2	3
14. Er / Sie fühlt sich oft unruhig und nervös.	0	1	2	3
15. Er / Sie ist ständig und in einem starken Ausmaß in Bewegung und kann darin kaum durch andere Personen begrenzt werden.	0	1	2	3
16. Er / Sie ist häufig «auf Achse».	0	1	2	3
17. Er / Sie platzt häufig mit Antworten heraus, bevor Fragen zu Ende gestellt sind.	0	1	2	3
18. Er / Sie kann häufig nur schwer warten, bis er / sie an der Reihe ist (z.B. bei Warteschlangen oder in einer Gruppe).	0	1	2	3
19. Er / Sie unterbricht oder stört andere häufig (z.B. im Gespräch).	0	1	2	3
20. Er / Sie redet häufig übermäßig viel.	0	1	2	3

Bitte wenden

Beantworten Sie bitte abschließend noch folgende Fragen, wenn zumindest eines der auf der ersten Seite beschriebenen Verhaltensprobleme für ihn / sie zutrifft.

	Wie zutreffend war die Beschreibung?			
	gar nicht	ein wenig	weitgehend	besonders
A1. Die beschriebenen Probleme sind für ihn /sie insgesamt sehr belastend.	0	1	2	3
A2. Die beschriebenen Probleme beeinträchtigen seine / ihre Leistungsfähigkeit in der Ausbildung oder bei der Arbeit erheblich.	0	1	2	3
A3. Die beschriebenen Probleme beeinträchtigen seine / ihre Beziehungen zu Vorgesetzten oder Lehrer /-innen erheblich.	0	1	2	3
A4. Die beschriebenen Probleme beeinträchtigen seine / ihre Beziehungen zu Partner /-in, Eltern, Freund /-innen oder Arbeitskolleg /-innen erheblich.	0	1	2	3
A5. Die beschriebenen Probleme beeinträchtigen ihn / sie in der Freizeit oder bei seinen / ihren Hobbies erheblich.	0	1	2	3

Bemerkungen:

_____

_____

_____

_____

_____

_____

_____

_____

_____

_____

_____

_____

_____

_____

_____

_____

_____

Vielen Dank für Ihre Mitarbeit

Bestellnummer 03 126 04

4.5 Fragebogen zur Erfassung von ADHS im Erwachsenenalter, frühere Probleme – Fremdbeurteilung (FEA-FFB)

Kurzbeschreibung

Beurteiler	Erwachsene (Fremdurteil)
Altersbereich	ab 18 Jahre
Autoren	Döpfner, Steinhausen & Lehmkuhl (in Vorbereitung)
Quelle	Neuentwicklung
Bezug	Als Einzelverfahren erhältlich

Zielsetzung

Der *Fragebogen zur Erfassung von ADHS im Erwachsenenalter, frühere Probleme – Fremdbeurteilung (FEA-FFB)* ist eines von vier aufeinander bezogenen Fragebogenverfahren zur Erfassung von Aufmerksamkeitsdefizit-/Hyperaktivitätsstörungen bei Erwachsenen:

– *Fragebogen zur Erfassung von ADHS im Erwachsenenalter, aktuelle Probleme – Selbstbeurteilung (FEA-ASB;* siehe Kap. 4.2)
– *Fragebogen zur Erfassung von ADHS im Erwachsenenalter, aktuelle Probleme – Fremdbeurteilung (FEA-AFB;* siehe Kap. 4.3)
– *Fragebogen zur Erfassung von ADHS im Erwachsenenalter, frühere Probleme – Selbstbeurteilung (FEA-FSB;* siehe Kap. 4.4)
– *Fragebogen zur Erfassung von ADHS im Erwachsenenalter, frühere Probleme – Fremdbeurteilung (FEA-FFB)*

Der *Fragebogen zur Erfassung von ADHS im Erwachsenenalter, frühere Probleme – Fremdbeurteilung (FEA-FFB)* dient der Beurteilung der Diagnosekriterien bezogen auf die frühere Problematik für Hyperkinetische Störungen nach ICD-10 und für Aufmerksamkeitsdefizit-/Hyperaktivitätsstörungen nach DSM-IV per Fremdeinschätzung durch Erwachsene, beispielsweise durch die Eltern oder die Geschwister des Patienten. Dabei wird das Verhalten in der Grundschulzeit (im Alter von etwa sechs bis zwölf Jahren) abgefragt, weil die Diagnosekriterien verlangen, dass die ADHS-Problematik vor dem Einschulungsalter begonnen haben muss, üblicherweise aber die Problematik vor allem im Grundschulalter besonders heftig ist und deshalb am besten erinnert werden kann. Falls in diesem Altersbereich keine ausgeprägten Probleme vorlagen, kann davon ausgegangen werden, dass keine ADHS vorliegt. Obwohl die Validität von Selbsteinschätzungen bei der Beurteilung der früheren Symptomatik begrenzt ist, sollte neben der Fremdeinschätzung auf jeden Fall auch das Selbsturteil erhoben werden.

Aufbau

Der *Fragebogen zur Erfassung von ADHS im Erwachsenenalter, frühere Probleme – Fremdbeurteilung (FEA-FFB)* ist eine Adaptation des *Fremdbeurteilungsbogens für Hyperkinetische Störungen (FBB-HKS)* aus dem Diagnostik-System für Psychische Störungen im Kindes- und Jugendalter nach ICD-10 und DSM-IV (DISYPS-KJ) (Döpfner & Lehmkuhl, 2000). Die Bezugspersonen werden gebeten, retrospektiv das Ausmaß der ADHS-Problematik des Patienten im Grundschulalter auf 20 Items zu beurteilen, welche die 18 Symptomkriterien erfassen. Das Kriterium B3 der Diagnose-Checkliste ist in zwei Items (Item 13 und Item 14) aufgespalten und auch das Kriterium B5, das sich im ICD-10 und im DSM-IV inhaltlich unterscheidet, wird in zwei Items erfasst (Item 15 und Item 16). Der Patient beurteilt für jedes Item anhand einer vierstufigen Antwortskalen, wie zutreffend die Beschreibung ist (Symptomausprägung).

Auf der Rückseite werden zusätzliche Diagnosekriterien erfasst. In den Items A1 bis A5 werden die Kriterien für die klinische Bedeutsamkeit der damaligen Problematik nach ICD-10 bzw. DSM-IV erhoben.

Anwendung

Vorraussetzung für die Anwendung ist eine hinreichende Lesefähigkeit der Bezugspersonen.

Durchführung

Zusammen mit der Fremdeinschätzung aktueller Probleme (FEA-AFB; siehe Kap. 4.4) und mit der Selbstbeurteilung aktueller Probleme (FEA-ASB; siehe Kap. 4.2) und früherer Probleme (FEA-FSB; siehe Kap. 4.3) lässt sich ein Bild über die aktuelle und die frühere Problematik im Selbst- und im Fremdeinschätzung gewinnen. Die Angaben in dem Fragebogen können zur weitergehenden Exploration einer Aufmerksamkeitsdefizit-/Hyperaktivitätsstörung dienen, die anhand der Diagnose-Checkliste DCL-HKS (siehe Kap. 3.4) durchgeführt werden kann.

Auswertung

Analog zu den Diagnose-Checklisten kann der Bogen kategorial und dimensional ausgewertet werden. Die *kategoriale Auswertung* gibt Hinweise auf die Diagnose einer hyperkinetischen Störung nach ICD-10 oder nach DSM-IV auf der Grundlage der Selbsteinschätzung. Für eine Diagnosestellung müssen die Symptomkriterien in den Diagnose-Checklisten jedoch durch einen Untersucher beurteilt werden. Allerdings setzt eine entsprechende aktuelle und frühere Symptomatik voraus. Dies kann durch die entsprechenden anderen Formen des ADHS-Fragebogens für Erwachsene erfolgen.

Zur *dimensionalen Auswertung* werden analog zu den Diagnose-Checklisten Kennwerte gebildet, indem die Summe der entsprechenden Items durch die Anzahl der Items dividiert wird:

– Kennwert Aufmerksamkeitsstörungen: (Summe Item 1–9)/9
– Kennwert Überaktivität: (Summe Item 10–16)/7
– Kennwert Impulsivität: (Summe Item 17–20)/4
– Kennwert ADHS-gesamt: (Summe Item 1–20)/20

Die Kennwerte eignen sich:

– zur Bestimmung der Stärke der früheren Symptomausprägung aus der Sicht der Bezugsperson
– zum Vergleich zwischen der von Bezugspersonen beurteilten aktuellen und früheren Symptomatik (anhand des *Fragebogens zur Erfassung von ADHS im Erwachsenenalter, aktuelle Probleme – Fremdbeurteilung (FEA-AFB;* siehe Kap. 4.4)
– zum Vergleich zwischen der vom Patienten selbst und von Bezugspersonen beurteilten früheren Symptomatik (anhand des *Fragebogens zur Erfassung von ADHS im Erwachsenenalter, frühere Probleme – Selbstbeurteilung (FEA-FFB;* siehe Kap. 4.3)
– zur Überprüfung von Therapieeffekten im Rahmen der Verlaufskontrolle aus der Sicht des Patienten.

Außerdem ist eine inhaltliche Auswertung auf Item-Ebene für klinische Zwecke ausgesprochen informativ. Die Angaben der Bezugsperson können wichtige Anhaltspunkte für eine vertiefende Exploration bilden, vor allem dann, wenn auch die Angaben der Bezugsperson hinsichtlich der aktuellen Problematik (im *Fragebogen zur Erfassung von ADHS im Erwachsenenalter, aktuelle Probleme – Fremdbeurteilung, FEA-AFB)* und

Reliabilität und Validität

wenn Beurteilungen des Patienten auf den entsprechenden Versionen vorliegen.

Untersuchungen zur Reliabilität und Validität werden gegenwärtig durchgeführt.

Normen und Grenzwerte

Es liegen noch keine Normen oder Grenzwerte vor, als orientierende Bandbreiten für die Skalenkennwerte für Aufmerksamkeitsstörungen, Überaktivität und Impulsivität sowie Gesamtauffälligkeit (jeweils gebildet: Summe der Itemrohwerte/Anzahl der Items) können die in Normtabelle 8 aufgeführten Werte verwendet werden:

Normtabelle 8: Orientierende Bandbreiten für die Beurteilung der Skalenkennwerte im Fragebogen zur Erfassung von ADHS im Erwachsenenalter, frühere Probleme – Fremdbeurteilung (FEA-FFB)

Skalenkennwert	Symptomstärke
0,5–1,0	gering
1,0–1,5	mittel
über 1,5	hoch

Literatur

Adam, C., Döpfner, M. & Lehmkuhl, G. (2002). Der Verlauf von Aufmerksamkeitsdefizit-/Hyperaktivitätsstörungen (ADHS) im Jugend- und Erwachsenenalter. *Kindheit und Entwicklung, 11,* 73–81.

Döpfner, M. & Lehmkuhl, G. (2000). *Diagnostik-System für Psychische Störungen im Kindes- und Jugendalter nach ICD-10 und DSM-IV (DISYPS-KJ),* 2. korrigierte und ergänzte Auflage. Bern: Huber.

Lehmkuhl, G., Adam, C., Frölich, J., Sevecke, K. & Döpfner, M. (2004). *Aufmerksamkeitsdefizit-/Hyperaktivitätsstörungen im Kindes-, Jugend- und Erwachsenenalter.* Bremen: UNI-MED.

Fragebogen zur Erfassung von ADHS im Erwachsenenalter
Frühere Probleme, Fremdbeurteilung (FEA-FFB)

Name: .... Alter: .... Geschlecht: .... Datum: ....

Berufsausbildung: .... Gegenwärtige Tätigkeit: ....

Ausgefüllt von: ....

Art der Beziehung zur beurteilten Person (z. B. Vater, Mutter) ....

Kreuzen Sie bitte für jede Beschreibung die Zahl an, die angibt, wie zutreffend diese Beschreibung für .... war, als sie / er etwa sechs bis zwölf Jahre alt war (etwa in der Grundschulzeit)?

	Wie zutreffend war die Beschreibung?			
	gar nicht	ein wenig	weitgehend	besonders
01. Es fiel ihr / ihm oft schwer, Einzelheiten zu beachten oder Flüchtigkeitsfehler zu vermeiden, z. B. bei Schularbeiten oder bei anderen Tätigkeiten.	0	1	2	3
02. Es fiel ihr / ihm oft schwer, sich bei Aufgaben oder beim Spiel dauerhaft zu konzentrieren.	0	1	2	3
03. Sie / Er konnte häufig nicht richtig zuhören, wenn sie /er direkt angesprochen wurde.	0	1	2	3
04. Sie / Er hatte oft Schwierigkeiten, Aufträge von anderen vollständig durchzuführen und Schularbeiten oder andere Arbeiten zu Ende zu bringen.	0	1	2	3
05. Sie / Er hatte oft Schwierigkeiten, Aufgaben oder Aktivitäten zu organisieren.	0	1	2	3
06. Sie / Er hatte oft Aufgaben vermieden, bei denen sie /er sich länger konzentrieren und anstrengen musste oder sie / er hat sie nur widerwillig gemacht.	0	1	2	3
07. Sie / Er hat oft Gegenstände verloren, die für bestimmte Aufgaben oder Aktivitäten nötig waren (z. B. Spielsachen, Hausaufgabenhefte, Schlüssel oder Bücher).	0	1	2	3
08. Sie / Er war leicht ablenkbar.	0	1	2	3
09. Sie / Er war im Alltag häufig vergesslich.	0	1	2	3
10. Ihre / Seine Hände und Füße waren ständig in Bewegung und sie / er konnte nicht ruhig sitzen bleiben.	0	1	2	3
11. Sie / Er stand oft im Unterricht oder in anderen Situationen auf, in denen es unpassend war.	0	1	2	3
12. Es fiel ihr / ihm schwer, ruhig zu spielen oder sich mit Freizeitaktivitäten ruhig zu beschäftigen.	0	1	2	3
13. Sie / Er ist häufig aufgesprungen und herumgelaufen, wenn es unpassend war.	0	1	2	3
14. Sie / Er fühlte sich oft unruhig und nervös.	0	1	2	3
15. Sie / Er war ständig und in einem starken Ausmaß in Bewegung und konnte darin auch kaum durch andere begrenzt werden.	0	1	2	3
16. Sie / Er war häufig «auf Achse».	0	1	2	3
17. Sie / Er platzte häufig mit Antworten heraus, bevor Fragen zu Ende gestellt waren.	0	1	2	3
18. Sie / Er konnte häufig nur schwer warten, bis sie / er an der Reihe war (z. B. bei Spielen oder in einer Gruppe).	0	1	2	3
19. Sie / Er unterbrach oder störte andere häufig (z.B. beim Spiel oder im Gespräch).	0	1	2	3
20. Sie / Er redete häufig übermäßig viel.	0	1	2	3

Bitte wenden

Beantworten Sie bitte abschließend noch folgende Fragen, wenn zumindest eines der auf der ersten Seite beschriebenen Verhaltensprobleme für die Person im Alter von sechs bis zwölf Jahren zutraf.

	Wie zutreffend war die Beschreibung?			
	gar nicht	ein wenig	weitgehend	besonders
A1. Die beschriebenen Probleme waren damals für sie / ihn insgesamt sehr belastend.	0	1	2	3
A2. Die beschriebenen Probleme beeinträchtigten damals ihre / seine Leistungsfähigkeit in der Schule erheblich.	0	1	2	3
A3. Die beschriebenen Probleme beeinträchtigten damals ihre / seine Beziehungen zu Lehrer / -innen erheblich.	0	1	2	3
A4. Die beschriebenen Probleme beeinträchtigten damals ihre / seine Beziehungen zu Eltern, Freund / -innen oder Klassenkamerad / -innen erheblich.	0	1	2	3
A5. Die beschriebenen Probleme beeinträchtigten sie / ihn in der Freizeit oder bei ihren / seinen Hobbys erheblich.	0	1	2	3

Bemerkungen:

Vielen Dank für Ihre Mitarbeit

4.6 Selbstbeurteilungs-Skala zur Diagnostik der Aufmerksamkeitsdefizit-/Hyperaktivitätsstörung im Erwachsenenalter (ADHS-SB)

Kurzbeschreibung

Beurteiler	Erwachsene mit ADHS
Altersbereich	Gesamtes Erwachsenenalter
Autoren	Rösler & Retz (2003)
Quelle	Rösler et al. (2003)
Bezug	Kopiervorlage

Zielsetzung

Der ADHS-SB dient der Erfassung der ADHS-Symptomatik beim Erwachsenen auf der Basis der ICD-10-Forschungskriterien und der DSM-IV-Kriterien. Die ursprünglich für Kinder entwickelten 18 diagnostischen Kriterien wurden für den Einsatz im Erwachsenenalter modifiziert.

Aufbau

Der ADHS-SB enthält die 18 Diagnose-Kriterien der ICD-10-Forschungskriterien und des DSM-IV, wobei diese für den Gebrauch im Erwachsenenalter umformuliert wurden. Hinweise auf spezifische kindliche Lebenssituationen wie Schule oder Spielsachen wurden modifiziert oder eliminiert. In Ergänzung zu den 18 psychopathologischen Merkmalen wurden 4 weitere Kriterien aufgenommen, die sich auf das Alter bei Störungsbeginn, das mit der Symptomatik verbundene Leiden, dessen Generalisierung in verschiedenen Lebensfeldern und auf berufliche und Kontaktprobleme beziehen.

Die einzelnen Merkmale wurden mit einer Skala graduiert, die sich von 0 (nicht vorhanden) über 1 (leicht) und 2 (mittel) bis 3 (schwer) erstreckt. Somit können für die drei Symptombereiche Aufmerksamkeitsdefizite, Hyperaktivität und Impulsivität Syndrom-Werte und zusätzlich für die Gesamtskala ein Summenwert gebildet werden.

Anwendung

Der ADHS-SB kann von erwachsenen Patienten beurteilt werden. Der Fragebogen kann sowohl für die diagnostische Abklärung als auch für die Therapieevaluation eingesetzt werden.

Hinweise zur Durchführung

Der ADHS-SB ist auf eine parallel entwickelte Diagnose-Checkliste (ADHS-DC) bezogen. Er liefert somit wichtige Informationen durch den Patienten, die ohne grossen Aufwand an Zeit und Kosten ermittelt werden können und für den diagnostischen Prozess von Bedeutung sind.

Auswertung

Die Merkmale 1 bis 9 werden zur Skala Aufmerksamkeitsdefizit zusammengezählt. Die Skala Überaktivität setzt sich aus den Merkmalen 10 bis 14 zusammen, und die Skala Impulsivität wird aus den Merkmalen 15 bis 18 gebildet. In den Zusatzmerkmalen 19 bis 22 werden die Dauer der Probleme, die Kontext-Unabhängigkeit, der Leidensdruck und die Auswirkungen auf die psychosoziale Funktionstüchtigkeit erfasst. Sofern die Skalen untereinander in Beziehung gesetzt werden sollen, muss die Summe der entsprechenden Merkmale durch die Anzahl der Merkmale dividiert werden:

- Kennwert Aufmerksamkeitstörung: (Summe Item 1 bis 9)/9
- Kennwert Überaktivität: (Summe Item 10 bis 14)/5
- Kennwert Impulsivität: (Summe Item 15 bis 18)/4
- Kennwert Überaktivität und Impulsivität: (Summe Item 10 bis 18)/9
- Kennwert Gesamtskala: (Summe Item 1 bis18)/18

Diese Kennwerte eignen sich zur Bestimmung der Stärke der Symptomausprägung, zum Vergleich zwischen Selbstbeurteilung und klinischem Urteil mit der Diagnose-Checkliste und zur Überprüfung der Therapieeffekten im Rahmen von Verlaufskontrollen. Zusätzlich ist eine inhaltliche Auswertung auf der Item-Ebene für klinische Zwecke informativ und kann wertvolle Anhaltspunkte für eine Vertiefung der Exploration des Patienten geben.

Reliabilität und Validität

Untersuchungen zu den psychometrischen Kennwerten erstreckten sich auf die Subskalen Aufmerksamkeitsdefizit, Überaktivität, Impulsivität, kombinierte Überaktivität und Impulsivität sowie die Gesamtskala (Rösler u. a. 2003). Bei 30 Patienten, je 15 Frauen und Männern, mit einem Durchschnittsalter von 31 Jahren wurde die Retestreliabilität im Abstand von 6 Wochen ermittelt und ergab Koeffizienten zwischen .78 und .89. Die interne Konsistenz (Cronbachs Alpha) variierte zwischen .72 und .90.

Die konvergente und divergente-Validität des ADHS-SB wurde über Korrelationen mit der Wender-Utah-Rating-Scale (WURS-K), mit den Persönlichkeitsfaktoren des NEO-5-Faktoren-Inventar (NEO-FFI) und dem I7-Test hoben. Signifikante, meist im mittleren Bereich liegenden Korrelationen wurden zwischen der WURS-K und der Skala Neurotzismus aus dem NEO-FFI und mit der Skala Impulsivität aus dem I7-Test ermittelt.

Die Übereinstimmung der Selbstbeurteilung durch ADHS-SB mit der vom Kliniker ausgefüllten Diagnose-Checkliste ADHS-DC wurde mit ICC-Koeffizienten überprüft. Die ermittelten Koeffizienten variierten zwischen .41 und .92, wobei nur zwei ICC-Koeffizienten kleiner als der .59 waren und 20 der 26 ICC-Werte über oder bei .75 lagen.

Normen und Grenzwerte

Für den ADHS-SB liegen keine Normwerte vor. Er eignet sich viel mehr für die ipsative Messung, wenn dimensionale Ausgangswerte zu Beginn einer Behandlung im Rahmen von Verlaufsmessungen überprüft werden sollen.

Literatur

Rösler, M., Retz, W., Retz-Junginger, P. u. a. (2003). Instrumente zur Diagnose der Aufmerksamkeitsdfizit-/Hyperaktivitätsstörung (ADHS) im Erwachsenenalter. Selbstbeurteilungsskala (ADHS-SB) und Diagnosecheckliste (ADHS-DC). *Der Nervenarzt.* Online publiziert am 15. 11. 03.

ADHS-SB

M. Rösler & W. Retz

Nachfolgend finden Sie einige Fragen über Konzentrationsvermögen, Bewegungsbedürfnis und Nervosität. Gemeint ist damit Ihre Situation, wie sie sich gewöhnlich darstellt.

Wenn die Formulierungen auf Sie nicht zutreffen, kreuzen Sie bitte „nicht zutreffend" an. Wenn Sie der Meinung sind, dass die Aussagen richtig sind, geben Sie bitte an, welche Ausprägung – leicht – mittel – schwer – Ihre Situation am besten beschreibt.

0	trifft nicht zu
1	leicht ausgeprägt (kommt gelegentlich vor)
2	mittel ausgeprägt (kommt oft vor)
3	schwer ausgeprägt (kommt nahezu immer vor)

Bitte kreuzen Sie die entsprechende Antwortalternative an. Lassen Sie bitte keinen Punkt aus.

Beispiel:

Ich bin unaufmerksam gegenüber Details oder mache Sorgfaltsfehler bei der Arbeit.	☐ 0	☐ 1	☐ 2	☒ 3

In diesem Fall ist die 3 („schwer ausgeprägt") angekreuzt: Das würde bedeuten, dass Sie stark ausgeprägt und nahezu immer Aufmerksamkeitsprobleme haben.

nur vom Untersucher auszufüllen

Σ Item 1–9:	_____	Ergebnis der Auswertung				
Σ Item 10–14:	_____	Diagnose:	314.00	☐	314.01	☐
Σ Item 15–18:	_____		F90.0	☐		
Σ Item 1–18:	_____					

Döpfner, Lehmkuhl & Steinhausen (2006). Kinder-Diagnostik-System KIDS 1 – Aufmerksamkeitsdefizit- und Hyperaktivitätsstörung (ADHS). Göttingen: Hogrefe.

129

1.	Ich bin unaufmerksam gegenüber Details oder mache Sorgfaltsfehler bei der Arbeit.	0	1	2	3
2.	Bei der Arbeit oder sonstigen Aktivitäten (z. B. Lesen, Fernsehen, Spiel) fällt es mir schwer, konzentriert durchzuhalten.	0	1	2	3
3.	Ich höre nicht richtig zu, wenn jemand etwas zu mir sagt.	0	1	2	3
4.	Es fällt mir schwer, Aufgaben am Arbeitsplatz, wie sie mir erklärt wurden, zu erfüllen.	0	1	2	3
5.	Es fällt mir schwer Projekte, Vorhaben oder Aktivitäten zu organisieren.	0	1	2	3
6.	Ich gehe Aufgaben, die geistige Anstrengung erforderlich machen, am liebsten aus dem Weg. Ich mag solche Arbeiten nicht oder sträube mich innerlich dagegen.	0	1	2	3
7.	Ich verlege wichtige Gegenstände (z. B. Schlüssel, Portemonnaie, Werkzeuge).	0	1	2	3
8.	Ich lasse mich bei Tätigkeiten leicht ablenken.	0	1	2	3
9.	Ich vergesse Verabredungen, Termine oder telefonische Rückrufe.	0	1	2	3
10.	Ich bin zappelig.	0	1	2	3
11.	Es fällt mir schwer, längere Zeit sitzen zu bleiben (z. B. im Kino, Theater).	0	1	2	3
12.	Ich fühle mich unruhig.	0	1	2	3
13.	Ich kann mich schlecht leise beschäftigen. Wenn ich etwas mache, geht es laut zu.	0	1	2	3
14.	Ich bin ständig auf Achse und fühle mich wie von einem Motor angetrieben.	0	1	2	3
15.	Mir fällt es schwer abzuwarten, bis andere ausgesprochen haben. Ich falle anderen ins Wort.	0	1	2	3
16.	Ich bin ungeduldig und kann nicht warten, bis ich an der Reihe bin (z. B. beim Einkaufen).	0	1	2	3
17.	Ich unterbreche und störe andere, wenn sie etwas tun.	0	1	2	3
18.	Ich rede viel, auch wenn mir keiner zuhören will.	0	1	2	3
19.	Diese Schwierigkeiten hatte ich schon im Schulalter.	0	1	2	3
20.	Diese Schwierigkeiten habe ich immer wieder, nicht nur bei der Arbeit, sondern auch in anderen Lebenssituationen, z. B. Familie, Freunde, Freizeit.	0	1	2	3
21.	Ich leide unter diesen Schwierigkeiten.	0	1	2	3
22.	Ich habe wegen dieser Schwierigkeiten schon Probleme im Beruf und auch im Kontakt mit anderen Menschen gehabt.	0	1	2	3

Bitte prüfen Sie, ob Sie alle Fragen beantwortet haben.

 Döpfner, Lehmkuhl & Steinhausen (2006). Kinder-Diagnostik-System KIDS 1 – Aufmerksamkeitsdefizit- und Hyperaktivitätsstörung (ADHS). Göttingen: Hogrefe.

5 Verfahren zur weiterführenden Diagnostik für Psychoedukation, Beratung und Verhaltenstherapie

5.1 Elterninterview über Problemsituationen in der Familie (EI-PF)

Kurzbeschreibung

Beurteiler	Klinische Beurteilung auf der Basis eines halbstrukturierten Interviews
Altersbereich	Gesamtes Kindes- und Jugendalter
Autoren	Döpfner et al. (2002)
Quelle	Bestandteil des Therapieprogramms für Kinder mit hyperkinetischem und oppositionellem Problemverhalten (THOP)
Bezug	Kopiervorlage

Zielsetzung

Das *Elterninterview über Problemsituationen in der Familie (EI-PF)* ist ein halbstrukturiertes Interview, mit dem die Eltern hinsichtlich 17 alltäglicher Familiensituationen exploriert werden, die in Familien mit hyperkinetisch/oppositionell auffälligen Kindern häufig zu Problemen führen. Das Interview ist zeitökonomisch durchführbar und erlaubt eine Erfassung von Verhaltensauffälligkeiten in konkreten familiären Situationen. Es bietet damit eine gute Grundlage für eine weitergehende Beratung und Verhaltenstherapie.

Aufbau

Das *Elterninterview über Problemsituationen in der Familie (EI-PF)* ist eine leicht modifizierte Fassung des Eltern-Interviews zur Eltern-Kind-Interaktion bei Kindern mit externalen Verhaltensstörungen (EKI) aus dem Therapieprogramm für Kinder mit hyperkinetischem und oppositionellem Problemverhalten, THOP (Döpfner et al., 2002). Im Interview werden für jede Situation neben der Topografie, der Häufigkeit und Intensität des Verhaltens auch die Reaktionen der Bezugsperson(en) erfasst. Der Interviewer beurteilt pro Situation die Problemstärke dieser Situation anhand einer zehnstufigen Skala. Außerdem werden Verhaltenskategorien angegeben, die mögliche Explorationsrichtungen markieren (grob- und feinmotorische Unruhe, Ausdauer und Ablenkbarkeit, Impulsivität, oppositionelles Verhalten, Frustrationstoleranz, aggressives Verhalten). Bei einzelnen Fragen werden nochmals spezifische Explorationshinweise gegeben.

Anwendung

Das Interview ist ökonomisch durchführbar und erlaubt eine Erfassung von Verhaltensauffälligkeiten in konkreten familiären Situationen. Es bietet damit eine gute Grundlage für eine weitergehende Beratung und Verhaltenstherapie. Das *Elterninterview über Problemsituationen in der Familie (EI-PF) und der Elternfragebogen über Problemsituationen in der Familie (EI-PF)* sind aufeinander bezogen und enthalten jeweils weitgehend identische Items. Wenn die Eltern vor der Exploration bereits den Elternfragebogen beantwortet haben, dann kann der Untersucher anhand dieser Angaben gezielter und zeitökonomischer explorieren.

Durchführung

Zu Beginn des Interviews werden die individuellen Spielvorlieben und -abneigungen des Kindes erfragt, um dann Verhaltensprobleme in Situationen, in denen das Kind alleine oder mit anderen spielt genauer explorieren zu können. Am Ende des Interviews werden positive Erlebnisse mit dem Kind erfragt, weil die Eltern-Kind-Beziehungen bei external auf-

133

fälligen Kindern häufig massiv beeinträchtigt sind und positive Interaktionen oft kaum noch berichtet werden können. Dies kann ein wichtiger Hinweis auf problematische Eltern-Kind-Beziehungen darstellen.

Wenn das Interview sollte in Anwesenheit des Kindes durchgeführt wird, sollte darauf geachtet werden, dass das Kind die Situation nicht als eine einzige Anklage erlebt. Wenn diese Situation eintritt ist es sinnvoller, nach der Durchführung des Elterninterviews und der Herausarbeitung der am meisten problematischen Situationen das Kind in Anwesenheit der Eltern zu explorieren, weil dann der Verlauf des Gespräches vom Interviewer leichter zu gestalten ist.

Auswertung

Keine quantitative Auswertung.

Reliabilität und Validität

Keine quantitative Auswertung, daher sind auch keine quantitativen Angaben zur Reliabilität und Validität möglich. Durch die konkrete Befragung über Verhalten in umschriebenen Situationen wird in der Regel eine hohe Inhaltsvalidität erreicht.

Normen und Grenzwerte

Keine quantitative Auswertung, daher sind auch keine Normen oder Grenzwerte verfügbar.

Literatur

Döpfner, M., Schürmann, S. & Frölich, J. (2002). *Therapieprogramm für Kinder mit hyperkinetischem und oppositionellem Problemverhalten (THOP)*, 3. erweiterte Auflage. Weinheim: Psychologie Verlags Union.

Elterninterview über Problemsituationen in der Familie (EI-PF)

Kind: _____ geboren am: _____ Alter: _____ Jahre

Interview wurde durchgeführt mit: ○ Vater ○ Mutter ○ anderen: _____ am: _____

Der Interviewer befragt die Eltern nach jedem Verhaltensbereich bzw. jeder Situation, die aufgelistet ist. Falls nach Meinung der Eltern in einem dieser Bereiche ein Interaktionsproblem besteht, werden die Eltern zu folgenden Aspekten exploriert:

1. Was genau macht das Kind in dieser Situation?
2. Wie reagieren Sie auf das Verhalten des Kindes?
3. Wie reagiert das Kind darauf?
4. Wie geht es zu Ende?
5. Wie oft tritt dieses Problem auf, immer in dieser Situation oder nur machmal? Ist das mehrmals täglich, täglich, fast jeden Tag oder wöchentlich?
6. Wie fühlen Sie sich dabei?
7. Wie stark ist das Problem für Sie?
   Beurteilung der Problemstärke durch den Interviewer auf einer Skala von 1 bis 9, auf der 1 „kein Problem" und 9 „ein großes Problem" bedeutet.
8. Wenn sich das Kind in der Situation einmal unproblematisch/angemessen verhält, was machen Sie dann?

Mögliche Explorationsrichtungen pro Situation:

1. Grob- und feinmotorische Unruhe
2. Ausdauer/Ablenkbarkeit durch andere Reize
3. Impulsivität
4. Beachten von Regeln/oppositionelles Verhalten
5. Frustrationstoleranz
6. Aggressives Verhalten/Wutausbrüche
7. Andere Probleme

1. Spielvorlieben/-abneigungen

Was spielt/womit beschäftigt sich _____ am liebsten, wenn er/sie zu Hause ist? Gibt es auch Spiele, die _____ gar nicht mag?
[Exploriere: Tisch-/Regelspiele, Spiel alleine/mit anderen]

2. Spiel alleine

Problemstärke: 1 2 3 4 5 6 7 8 9

Wie gut kann _____ alleine mit seinen Lieblingsspielen spielen? Bleibt _____ dann nur kurze Zeit bei der Sache und wechselt häufig von einem zum anderen?
[Exploriere Spieldauer, -kontinuität, -produktivität]

Döpfner, Lehmkuhl & Steinhausen (2006). Kinder-Diagnostik-System KIDS 1 – Aufmerksamkeitsdefizit- und Hyperaktivitätsstörung (ADHS). Göttingen: Hogrefe.

135

Eltern-Interview 2	
3. Spiel mit anderen	Problemstärke: 1 2 3 4 5 6 7 8 9

Wie geht es, wenn der Bruder/die Schwester/andere Kinder dabei sind?
[Exploriere getrennt: Spiel mit Geschwistern/anderen Kindern. Exploriere Spieldauer, -kontinuität, -produktivität, Spielkonflikte, Konfliktlösefähigkeit, Eingreifen der Eltern]

4. Wenn die Mutter zu Hause beschäftigt ist	Problemstärke: 1 2 3 4 5 6 7 8 9

Wenn Sie zu Hause viel zu tun haben, wie verhält sich _____ dann?
[Exploriere Selbstbeschäftigung, provokatives/oppositionelles Verhalten]

5. Mahlzeiten	Problemstärke: 1 2 3 4 5 6 7 8 9

Lassen Sie uns zu einem besonderen Abschnitt des Tages kommen – dem Essen. Wie verhält sich _____ während des Essens?
[Exploriere Unruhe (aufstehen, zappeln, ständig fällt etwas herunter) und Beachten von Regeln]

6. Waschen und Baden	Problemstärke: 1 2 3 4 5 6 7 8 9

Wie geht es beim Waschen und Baden?

7. An- und Ausziehen	Problemstärke: 1 2 3 4 5 6 7 8 9

Wie geht es beim An- und Ausziehen?

 Döpfner, Lehmkuhl & Steinhausen (2006). Kinder-Diagnostik-System KIDS 1 – Aufmerksamkeitsdefizit- und Hyperaktivitätsstörung (ADHS). Göttingen: Hogrefe.

Eltern-Interview 3	
8. Bettgehzeit	Problemstärke: 1 2 3 4 5 6 7 8 9

Gibt es Probleme, wenn Sie _____ sagen, dass es Zeit ist, zu Bett zu gehen ?

9. Telefonieren	Problemstärke: 1 2 3 4 5 6 7 8 9

Wenn das Telefon klingelt und _____ ist zu Hause, was passiert dann?

10. Fernsehen	Problemstärke: 1 2 3 4 5 6 7 8 9

In vielen Familien gibt es Probleme mit dem Fernsehen. Was passiert in Ihrer Familie, wenn andere fernsehen und _____ ist in der Nähe?

11. Besuche zu Hause	Problemstärke: 1 2 3 4 5 6 7 8 9

Haben Sie manchmal Besuch zu Hause? Wie oft? Selten – häufiger – sehr oft? Was macht _____, wenn Sie Besuch bekommen? [Exploriere Störverhalten, Distanzminderung]

12. Besuche bei anderen	Problemstärke: 1 2 3 4 5 6 7 8 9

Was passiert umgekehrt, wenn Sie zusammen mit _____ andere besuchen?
[Exploriere Störverhalten, Distanzminderung]

13. Öffentliche Plätze	Problemstärke: 1 2 3 4 5 6 7 8 9

Manchmal hat man den Eindruck, dass Supermärkte, Kaufhäuser, Geschäfte und Restaurants gebaut wurden, um Eltern in Schwierigkeiten zu bringen. Gibt es irgendwelche Probleme mit _____ an solchen Plätzen?

Döpfner, Lehmkuhl & Steinhausen (2006). Kinder-Diagnostik-System KIDS 1 – Aufmerksamkeitsdefizit- und Hyperaktivitätsstörung (ADHS). Göttingen: Hogrefe.

137

14. Wenn der Vater zu Hause ist	Problemstärke: 1 2 3 4 5 6 7 8 9

Gibt es irgendwelche Probleme mit _____, wenn der Vater zu Hause ist?

15. Aufgaben und Pflichten im Haus	Problemstärke: 1 2 3 4 5 6 7 8 9

Hat _____ bestimmte Arbeiten zu Hause zu erledigen? Wenn ja, wie reagiert _____, wenn Sie ihm/ihr eine Aufgabe auftragen?

16. Hausaufgaben	Problemstärke: 1 2 3 4 5 6 7 8 9

Wie klappt es mit den Hausaufgaben? [Exploriere: Wo werden Hausaufgaben gemacht? Wie sieht der Arbeitsplatz genau aus? Wer gibt in welcher Intensität Hilfestellungen? Wer kontrolliert welche Hausaufgaben in welcher Frequenz? Bei welchen Hausaufgaben gibt es besondere Probleme]

17. Verbote und Grenzsetzungen in anderen Situationen	Problemstärke: 1 2 3 4 5 6 7 8 9

Sicher gibt es noch andere Situationen, in denen Sie _____ etwas nicht erlauben oder einen Wunsch nicht erfüllen können. Was macht _____ dann?

18. Andere Situationen	Problemstärke: 1 2 3 4 5 6 7 8 9

Gibt es andere Situationen, in denen Verhaltensprobleme mit _____ auftreten?

19. Positive Erlebnisse/Eltern-Kind-Interaktionen	

Gab es in letzter Zeit Situationen, in denen Sie sich über _____ gefreut haben oder in denen Sie zufrieden mit _____ sein konnten?

 Döpfner, Lehmkuhl & Steinhausen (2006). Kinder-Diagnostik-System KIDS 1 – Aufmerksamkeitsdefizit- und Hyperaktivitätsstörung (ADHS). Göttingen: Hogrefe.

5.2 Elternfragebogen über Problemsituationen in der Familie (EF-PF)

Kurzbeschreibung

Beurteiler	Eltern
Altersbereich	Gesamtes Kindes- und Jugendalter
Autoren	Döpfner et al. (2002)
Quelle	Bestandteil des Therapieprogramms für Kinder mit hyperkinetischem und oppositionellem Problemverhalten (THOP)
Bezug	Kopiervorlage

Zielsetzung

Im *Elternfragebogen über Problemsituationen in der Familie (EF-PF)* schätzen die Eltern ein, wie problematisch sie das Verhalten des Kindes in 16 alltäglichen familiären Situationen erleben, die in Familien mit hyperkinetisch/oppositionell auffälligen Kindern häufig problembesetzt sind. Im Gegensatz zu anderen Fragebögen liegt hier also der Fokus auf der Situation und nicht auf dem Verhalten. Damit lässt sich ein Überblick über kritische familiäre Situationen gewinnen.

Aufbau

Der *Elternfragebogen über Problemsituationen in der Familie (EF-PF)* ist eine leicht modifizierte Fassung des *Elternfragebogens über Problemsituationen in der Familie (HSQ-D)* aus dem Therapieprogramm für Kinder mit hyperkinetischem und oppositionellem Problemverhalten, THOP (Döpfner et al., 2002). Grundllage für die Entwicklung des HSQ-D war der Home Situations Questionnaire (Barkley, 1987). Der Fragebogen ist parallel zum Elterninterview *über Problemsituationen in der Familie (EI-PF)* (siehe 5.1) aufgebaut.

Für jede der 16 familiären Situationen geben die Eltern zunächst an, ob in diesen Situationen Probleme gibt, wenn das Kind Aufforderungen, Anweisungen oder Regeln befolgen soll (Antwort: ja/nein). Falls die Situation als problematisch eingestuft wird, beurteilen die Eltern anhand einer neunstufigen Skala (von 1 = schwach bis 9 = sehr stark) wie stark die Problematik ausgeprägt ist.

Anwendung

Der *Elternfragebogen über Problemsituationen in der Familie (EI-PF)* und das *Elterninterview über Problemsituationen in der Familie (EI-PF)* sind aufeinander bezogen und enthalten jeweils weitgehend identische Items. Auf der Basis des Elternfragebogens kann der Untersucher im Elterninterview gezielter und zeitökonomischer explorieren.

Durchführung

Der Fragebogen kann sowohl von den Eltern gemeinsam oder auch getrennt beantwortet werden.

Auswertung

Zur normativen Auswertung werden zwei Werte ermittelt:

1. *Anzahl der Probleme:* Anzahl der problematischen Situationen, d. h. die Anzahl der Items, die mit „Ja" beantwortet wurden. Der Wert variiert von 0 bis 16.
2. *Problemintensität:* Summe der Problemstärkebeurteilungen (von 1 bis 9) aller Items. Wenn die Situation als unproblematisch beurteilt wird

(= Antwort „nein" auf die Frage: „problematisch?"), dann wird die Problemintensität auf diesem Item als 0 gesetzt. Die Spannweite dieses Wertes Problemintensität beträgt damit 0 bis 144.

Reliabilität und Validität

Reliabilitäts- und Validitätsanalysen wurden in einer klinischen Stichprobe von N = 76 Kindern im Alter von sechs bis zehn Jahren mit der Diagnose einer hyperkinetischen Störung nach ICD-10 oder einer Aufmerksamkeits-/Hyperaktivitätsstörung nach DSM-III-R und in einer repräsentativen Vergleichsstichprobe von N = 263 Kindern im Alter von sieben bis zehn Jahren durchgeführt (Breuer & Döpfner, 1997). Eltern hyperkinetischer Kinder erleben viele familiäre Situationen mit ihrem Kind als sehr problematisch und dies wesentlich häufiger als Eltern der repräsentativen Vergleichsstichprobe. Beim Vergleich der Itemausprägungen ergab sich für die klinische Stichprobe ein bis zu vierzigfach höheres Risiko als für die Repräsentativstichprobe. Untersuchungen zur faktoriellen Struktur des Fragebogens ergaben keine eindeutigen und gut interpretierbaren Lösungen, daher wurden über alle Items Gesamtwerte gebildet. Die internen Konsistenzen der beiden Skalen „Problemintensität" und „Anzahl der Probleme" liegen sowohl für die Repräsentativstichprobe als auch für die klinische Stichprobe zwischen $r_{tt} = .77$ und $r_{tt} = .84$ und sind damit zufrieden stellend. Die Kennwerte des HSQ-D korrelieren mit anderen Elternfragebögen zur Beurteilung von Verhaltensauffälligkeiten signifikant, am deutlichsten mit Skalen zur Erfassung von hyperkinetischen Auffälligkeiten und von sozialen Problemen. In der Repräsentativstichprobe zeigen Jungen höhere Ausprägungen als Mädchen; Alterseffekte wurden nicht festgestellt.

Normen und Grenzwerte

Normtabelle 9: Grenzwerte für *Anzahl der Probleme* und *Problemintensität im Elternfragebogen über Problemsituationen in der Familie (EF-PF) für* Jungen und Mädchen 6–10 Jahre

Auffälligkeit	Anzahl der Probleme	Problemintensität
Auffällig (PR > 96)	> 11	> 46
Grenzbereich (PR 90–96)	> 9	> 36
Erhöht (PR 78–89)	> 7	> 25

Literatur

Barkley, R. A. (1987). *Defiant children. A clinician's manual for parent training.* New York: Guilford.

Barkley, R. A. & Edelbrock, C. (1987). Assessing situational variation in children's problem behaviors: The Home and School Situations Quationaires. *Advances in Behavioral Assessment of Children and Families 3,* 157–176.

Breuer, D. & Döpfner, M. (1997). Die Erfassung von problematischen Situationen in der Familie. *Praxis der Kinderpsychologie und Kinderpsychiatrie, 46,* 583–596.

Döpfner, M., Schürmann, S. & Frölich, J. (2002). *Therapieprogramm für Kinder mit hyperkinetischem und oppositionellem Problemverhalten (THOP),* 3. erweiterte Auflage. Weinheim: Psychologie Verlags Union.

Elternfragebogen über Problemsituationen in der Familie (EF-PF)

Name Kind: _____ Darum heute: _____ Beurteilt von: _____

Gibt es bei den unten aufgeführten Situationen irgendwelche Probleme mit dem Kind, wenn es *Aufforderungen, Anweisungen oder Regeln befolgen soll?* Wenn ja, dann machen Sie bitte zuerst um das Wort ja einen Kreis *und kreuzen dann eine der nebenstehenden Zahlen von 1 bis 9 an.* Die Zahlen sollen angeben, wie stark das Problem für Sie ist. Dabei bedeutet 1, dass das Problem in der Situation nur schwach ausgeprägt ist, und 9, dass das Problem sehr stark zum Ausdruck kommt.

Wenn es in der angesprochenen Situation *kein Problem* gibt, machen Sie bitte um das Wort *nein* einen Kreis und gehen weiter zur nächsten Frage.

Situation	problema-tisch?		wie stark? schwach sehr stark
1. Wenn das Kind alleine spielt	Nein	Ja	→ 1 2 3 4 5 6 7 8 9
2. Wenn das Kind mit anderen spielt	Nein	Ja	→ 1 2 3 4 5 6 7 8 9
3. Bei den Mahlzeiten	Nein	Ja	→ 1 2 3 4 5 6 7 8 9
4. Beim An- und Ausziehen	Nein	Ja	→ 1 2 3 4 5 6 7 8 9
5. Beim Waschen und Baden	Nein	Ja	→ 1 2 3 4 5 6 7 8 9
6. Wenn Sie telefonieren	Nein	Ja	→ 1 2 3 4 5 6 7 8 9
7. Beim Fernsehen	Nein	Ja	→ 1 2 3 4 5 6 7 8 9
8. Wenn Besuch kommt	Nein	Ja	→ 1 2 3 4 5 6 7 8 9
9. Wenn Sie andere besuchen	Nein	Ja	→ 1 2 3 4 5 6 7 8 9
10. In der Öffentlichkeit (Geschäfte, Lokale usw.)	Nein	Ja	→ 1 2 3 4 5 6 7 8 9
11. Wenn die Mutter zu Hause beschäftigt ist	Nein	Ja	→ 1 2 3 4 5 6 7 8 9
12. Wenn der Vater zu Hause ist	Nein	Ja	→ 1 2 3 4 5 6 7 8 9
13. Wenn das Kind etwas erledigen soll	Nein	Ja	→ 1 2 3 4 5 6 7 8 9
14. Bei den Hausaufgaben	Nein	Ja	→ 1 2 3 4 5 6 7 8 9
15. Beim Zubettgehen	Nein	Ja	→ 1 2 3 4 5 6 7 8 9
16. Im Auto	Nein	Ja	→ 1 2 3 4 5 6 7 8 9

Prüfen Sie bitte noch einmal, ob Sie alle Fragen beantwortet haben!
Wir bedanken uns für Ihre Mitarbeit.

5.3 Fragebogen über Verhaltensprobleme bei den Hausaufgaben (FVH)

Kurzbeschreibung

Beurteiler	Eltern
Altersbereich	Gesamtes Kindes- und Jugendalter
Autoren	Döpfner et al. (2002)
Quelle	Bestandteil des Therapieprogramms für Kinder mit hyperkinetischem und oppositionellem Problemverhalten (THOP)
Bezug	Kopiervorlage

Zielsetzung

Im *Fragebogen über Verhaltensprobleme bei den Hausaufgaben (FVH)* schätzen die Eltern ein, wie problematisch sie das Verhalten ihres Kindes während der Hausaufgabensituation erleben. Die Durchführung der Hausaufgaben ist meist die problematischste Situation in Familien mit hyperkinetisch auffälligen Kindern. Häufig sind daher Interventionen zur Lösung dieser Problemsituation indiziert. Der Fragebogen bietet hierfür eine gute Grundlage, weil er das Problemverhalten in dieser Situation genau erfragt.

Aufbau

Der *Fragebogen über Verhaltensprobleme bei den Hausaufgaben (FVH)* ist eine leicht modifizierte Fassung des *Elternfragebogens über Verhaltensprobleme bei den Hausaufgaben (HPC-D)* aus dem Therapieprogramm für Kinder mit hyperkinetischem und oppositionellem Problemverhalten, THOP (Döpfner et al., 2002). Der Fragebogen ist eine modifizierte deutsche Fassung der Homework Problem Checklist (Anesko et al., 1987). Er erfragt in 20 Items anhand einer vierstufigen Antwortskala (0 = nie, 1 = selten, 2 = manchmal, 3 = oft) die Häufigkeit von Verhaltensproblemen, die bei der Durchführung der Hausaufgaben auftreten können. Zusätzlich beurteilen die Eltern für jede Verhaltensweise, ob diese ein Problem für sie darstellt bzw. ihnen Sorgen bereitet (Antwort: ja/nein).

Anwendung

Der Fragebogen sollte dann eingesetzt werden, wenn ausgeprägte Hausaufgabenprobleme beschrieben werden und Interventionen zur Verminderung dieser Probleme geplant werden.

Durchführung

Der Fragebogen kann sollte von dem Elternteil beantwortet werden, der bei der Durchführung der Hausaufgaben in der Regel anwesend ist.

Auswertung

Zur normativen Auswertung werden zwei Werte ermittelt:

1. *Anzahl der Probleme:* Summe der auf die Frage: „ist das ein Problem für sie?" mit „ja" beantworteten Items (Spannweite: 0–20).
2. *Problemhäufigkeit:* Summe der Problemhäufigkeitsbeurteilungen pro Item (von 0 bis 3). Die Spannweite dieses Wertes ist von 0 bis 60.

Reliabilität und Validität

Reliabilitäts- und Validitätsanalysen wurden in einer klinischen Stichprobe von N = 76 Kindern im Alter von sechs bis zehn Jahren mit der Diagnose einer hyperkinetischen Störung nach ICD-10 oder einer Aufmerksamkeits-/Hyperaktivitätsstörung nach DSM-III-R und in einer repräsentativen Vergleichsstichprobe von N = 263 Kindern im Alter von sieben bis zehn Jahren durchgeführt.

Sowohl für die Problemitems als auch für die Häufigkeitsitems konnten drei Faktoren mit einem Eigenwert größer 1 extrahiert werden. Bezüglich der Häufigkeitsitems konnten in der zweifaktoriellen Lösung 45 % der Varianz aufgeklärt werden. Inhaltlich lassen sich Durchführungsprobleme und Vermeidungsverhalten beschreiben. In der dreifaktoriellen Lösung (Varianzaufklärung = 51 %) bleibt der erste Faktor weitestgehend erhalten, der zweite Faktor spaltet sich in Vermeidungsstrategien auf, die den Beginn der Hausaufgabenerstellung verhindern sollen (Vergisst, welche Hausaufgaben aufgegeben wurden; bringt Hausaufgaben nicht mit nach Hause; leugnet, Hausaufgaben aufzuhaben) oder verhindern, dass die Hausaufgaben vollständig in die Schule gebracht werden können (Nimmt Hausaufgaben absichtlich nicht mit in die Schule; vergisst, Hausaufgaben in die Schule zu nehmen; macht Hausaufgaben nicht zu Ende). Vergleichbare Faktorenstrukturen lassen sich auch für Problem-Items finden. Hier beträgt Varianzaufklärung für die zweifaktorielle Lösung 42 %, für die dreifaktorielle Lösung 50 %.

Die internen Konsistenzen der beiden Skalen *Problemhäufigkeit* und *Anzahl der Probleme* liegen sowohl für die Repräsentativstichprobe als auch für die klinische Stichprobe zwischen $r_{tt} = .90$ und $r_{tt} = .92$, womit die sehr guten Ergebnisse von Anesko et al. (1987) repliziert werden können. Es konnte weder ein Alterseffekt noch ein Geschlechtseffekt nachgewiesen werden. Deutliche Unterschiede wurden zwischen der klinischen und der Repräsentativstichprobe belegt.

Normen und Grenzwerte

Normtabelle 10: Grenzwerte für *Anzahl der Probleme* und *Problemhäufigkeit im Fragebogen über Verhaltensprobleme bei den Hausaufgaben (FVH) für* Jungen und Mädchen 6–10 Jahre

Auffälligkeit	Anzahl der Probleme	Problemintensität
Auffällig (PR > 96)	> 12	> 34
Grenzbereich (PR 90–96)	> 7	> 28
Erhöht (PR 78–89)	> 4	> 21

Literatur

Anesko, K. M., Schoiock, G., Ramirez, R. & Levine, F. M. (1987). The homework problem checklist: assessing children's homework difficulties. *Behavioral Assessment, 9,* 179–185.

Döpfner, M., Schürmann, S. & Frölich, J. (2002). *Therapieprogramm für Kinder mit hyperkinetischem und oppositionellem Problemverhalten (THOP),* 3. erweiterte Auflage. Weinheim: Psychologie Verlags Union.

Fragebogen über Verhaltensprobleme bei den Hausaufgaben (FVH)

Name Kind: _____ Datum heute: _____ Beurteilt von: _____

Die nun folgenden Fragen beziehen sich nur auf Probleme, die sich bei den Hausaufgaben ergeben können. Beantworten Sie bitte zunächst bei jeder Frage, wie häufig das beschriebene Verhalten auftritt, indem Sie eine der Zahlen von 0 bis 3 ankreuzen. Die Zahlen bedeuten: 0 = nie; 1 = selten; 2 = manchmal; 3 = oft. Beantworten Sie danach bitte noch die Frage, ob dieses Verhalten für Sie ein Problem darstellt oder Ihnen Sorgen macht, indem Sie die zutreffende Antwort, Ja bzw. Nein, umkreisen.

Verhalten	Wie oft tritt das Verhalten auf?				
	nie	selten	manch-mal	oft	Ist das ein Problem für Sie?
1. Versäumt es, Hausaufgaben und notwendiges Arbeitsmaterial mit nach Hause zu bringen	0	1	2	3	→ Ja Nein
2. Vergisst, welche Hausaufgaben aufgegeben worden sind	0	1	2	3	→ Ja Nein
3. Leugnet, Hausaufgaben aufzuhaben	0	1	2	3	→ Ja Nein
4. Weigert sich, Hausaufgaben zu machen	0	1	2	3	→ Ja Nein
5. Jammert wegen der Hausaufgaben herum	0	1	2	3	→ Ja Nein
6. Muss daran erinnert werden, sich hinzusetzen und mit den Hausaufgaben zu beginnen	0	1	2	3	→ Ja Nein
7. Trödelt herum und bricht die Hausaufgaben vorzeitig ab	0	1	2	3	→ Ja Nein
8. Macht die Hausaufgaben nur dann ordentlich, wenn man unmittelbar daneben steht	0	1	2	3	→ Ja Nein
9. Macht die Hausaufgaben nur dann ordentlich, wenn man ihm/ihr dabei hilft	0	1	2	3	→ Ja Nein
10. Träumt vor sich hin, oder spielt mit anderen Dingen während der Hausaufgabenzeit	0	1	2	3	→ Ja Nein

Döpfner, Lehmkuhl & Steinhausen (2006). Kinder-Diagnostik-System KIDS 1 – Aufmerksamkeitsdefizit- und Hyperaktivitätsstörung (ADHS). Göttingen: Hogrefe.

Verhalten	Wie oft tritt das Verhalten auf?				
	nie	selten	manch-mal	oft	Ist das ein Problem für Sie?
11. Wird leicht durch Lärm oder Aktivi-täten anderer abgelenkt	0	1	2	3	→ Ja Nein
12. Lässt sich bei den Hausaufgaben leicht entmutigen und gibt auf	0	1	2	3	→ Ja Nein
13. Macht die Hausaufgaben nicht zu Ende	0	1	2	3	→ Ja Nein
14. Braucht besonders lange für die Hausaufgaben	0	1	2	3	→ Ja Nein
15. Verbessert seine Aufgaben nicht, auch wenn man ihn/sie dazu auf-fordert	0	1	2	3	→ Ja Nein
16. Macht schlampige oder unordentliche Hausaufgaben	0	1	2	3	→ Ja Nein
17. Erledigt die Hausaufgaben viel zu schnell und macht Flüchtigkeitsfehler	0	1	2	3	→ Ja Nein
18. Ist selbst, wenn er/sie das Fach gern hat, unzufrieden, wenn er/sie Haus-aufgaben machen muss	0	1	2	3	→ Ja Nein
19. Vergisst, die Hausaufgaben mit in die Schule zu nehmen	0	1	2	3	→ Ja Nein
20. Nimmt die Hausaufgaben absichtlich nicht mit in die Schule	0	1	2	3	→ Ja Nein
Prüfen Sie bitte noch einmal, ob Sie alle Fragen beantwortet haben! Wir bedanken uns für Ihre Mitarbeit.					

Döpfner, Lehmkuhl & Steinhausen (2006). Kinder-Diagnostik-System KIDS 1 – Aufmerksamkeitsdefizit- und Hyperaktivitätsstörung (ADHS). Göttingen: Hogrefe.

5.4 Fragebogen zur Verhaltensbeurteilung im Unterricht (FVU)

Kurzbeschreibung

Beurteiler	Lehrer
Altersbereich	Schulalter
Autoren	Döpfner (2002)
Quelle	Neuentwicklung
Bezug	Kopiervorlage

Zielsetzung

Der *Fragebogen zur Verhaltensbeurteilung im Unterricht (FVU)* ist die deutsche Fassung der erstmals von Swanson (1992) beschriebenen Swanson, Kotkin, Agler, M-Flynn and Pelham-Skala, abgekürzt SKAMP. Sie wurde ursprünglich entwickelt, um Zielverhaltensweisen von Schülern mit Aufmerksamkeitsdefizit-/Hyperaktivitätsstörungen (ADHS) im Unterricht zu spezifizieren, die durch verhaltenstherapeutische Techniken beeinflusst werden sollen, weil diese wesentlich zur Beeinträchtigung des Schülers beitragen. Vor allem sollte mit dem SKAMP nicht nur das Verhalten von Schülern über längere Zeiträume (Tage, Wochen oder Monate), sondern auch in zeitlich begrenzten Unterrichtssituationen (30–45 Minuten) erfasst werden können.

Aufbau

Der *Fragebogen zur Verhaltensbeurteilung im Unterricht (FVU)* umfasst 10 Items, von denen die ersten sechs Items *Aufmerksamkeitsprobleme* und die folgenden vier Items *mangelnde Regelbeachtung* beschreiben. Die Items werden auf einer vierstufigen Antwort-Skala mit den Ausprägungen gar nicht (0) – ein wenig (1) – ziemlich stark (2) – sehr stark (3) beantwortet.

Anwendung

Der Fragebogen sollte vor allem dann eingesetzt werden, wenn das Arbeitsverhalten im Unterricht genau erfasst werden soll. Das Verfahren hat sich in Studien zur Wirksamkeit von Pharmakotherapie als änderungssensitiv erwiesen und kann daher auch zur Überprüfung von Therapieeffekten eingesetzt werden.

Durchführung

Der Beurteilungszeitraum ist variabel gehalten. Es können ganze Schulwochen, einzelne Schultage oder auch Schulstunden eingeschätzt werden. In den deutschsprachigen Studien wurden sowohl einzelne Schultage als auch Schulstunden beurteilt.

Auswertung

Zur normativen Auswertung werden zwei Werte ermittelt:

1. *Aufmerksamkeitsprobleme:* Summe der Beurteilungen auf den Items 1 bis 6 (Spannweite: 0–18)
2. *Mangelnde Regelbeachtung:* Summe der Beurteilungen auf den Items 7 bis 10 (Spannweite: 0–12)

Reliabilität und Validität

International liegen mehrere Analysen vor, welche die Reliabilität, Validität und Änderungssensitivität belegen (Swanson et al., 1998; Wigal et al., 1998). Im deutschen Sprachraum überprüften Breuer & Döpfner (2006) die Reliabilität und Validität des Verfahrens in mehreren Studien. Beide

Subskalen erwiesen sich dabei als faktoriell valide und hineichend intern konsistent (Alpha > .75). Die beiden Subskalen korrelieren knapp über r = .60 miteinander. Die Einschätzungen von zwei unabhängig beurteilenden Lehrern korrelierten auf den korrespondierenden Skalen ebenfalls hoch miteinander (r = .70). Zwischen den Einschätzungen der Lehrer auf diesem Fragebogen und den Beurteilungen der Lehrer im FBB-HKS (siehe Kap. 2.5) und im Conners-Fragebogen konnten ebenfalls hohe Korrelationen ermittelt werden. Das Verfahren ist änderungssensitiv. In einer kontrollierten Studie zur Wirksamkeit von Methylphenidat konnten deutliche Therapieeffekte nachgewiesen werden (Döpfner et al., 2004).

Normen und Grenzwerte

Es liegen noch keine Normen oder Grenzwerte vor.

Literatur

Breuer, D. & Döpfner, M. (2006). *Reliabilität und Validität eines Fragebogens zur Erfassung von Aufmerksamkeits- und Verhaltensproblemen im Unterricht.* Manuskript eingereicht zur Publikation.

Döpfner, M., Gerber, W. D., Banaschewski, T., Breuer, D., Freisleder, F. J., Gerber-von Müller, G., Günter, M., Hässler, F., Ose, C., Schmeck, K., Sinzig, J., Stadler, C., Uebel, H. & Lehmkuhl, G. (2004). Comparative efficacy of once-a-day extended-release methylphenidate, two-times-daily immediate- release methylphenidate, and placebo in a laboratory school setting. *European Child & Adolescent Psychiatry, 12,* I 93–I 101.

Swanson, J. M. (1992). *School based assessment and interventions for ADD students.* Irvine: K. C. Publishing.

Swanson, J. M., Wigal, S., Greenhill, L. L., Browne, R., Waslik, B., Lerner, M., Williams, L., Flynn, D., Agler, D., Crowley, K., Fineberg, E., Baren, M. & Cantwell, D. P. (1998a). Analog classroom assessment of Adderall in children with ADHD. *J Am Acad Child Adolesc Psychiatry, 37,* 519–526.

Wigal, S. B., Gupta, S., Guinta, D. & Wanson, J. M. (1998). Reliability and Validity of the SKAMP Rating Scale in a Laboratory School Setting. *Psychopharmacology Bulletin, 34,* 47–53.

Fragebogen zur Verhaltensbeurteilung im Unterricht (FVU)

Name: _____ geboren am: _____

Datum heute: _____ ausgefüllt von: _____

Beurteilen Sie bitte das Verhalten Ihres Schülers/Ihrer Schülerin während der mit Ihnen vereinbarten Unterrichtseinheit hinsichtlich der aufgeführten Merkmale: Wie stark ist er/sie in diesem Merkmal beeinträchtigt?

	Gar nicht	ein wenig	ziem- lich stark	sehr stark
1. Hat im Unterricht Schwierigkeiten, mit den Aufgaben zu beginnen.	0	1	2	3
2. Hat Schwierigkeiten, bei den Aufgaben während des gesamten Unterrichts zu bleiben.	0	1	2	3
3. Hat Probleme, die Aufgaben im Unterricht vollständig zu beenden.	0	1	2	3
4. Hat Schwierigkeiten mit der Genauigkeit oder Ordentlichkeit der schriftlichen Arbeiten.	0	1	2	3
5. Hat Schwierigkeiten, bei Gruppenaktivitäten oder Diskussionen während des Unterrichtes aufmerksam zu sein.	0	1	2	3
6. Hat Schwierigkeiten während des Unterrichtes zur nächsten Aufgabe oder Aktivität zu wechseln.	0	1	2	3
7. Hat während des Unterrichtes Probleme in der Interaktion mit Klassenkameraden.	0	1	2	3
8. Hat während des Unterrichtes Probleme in der Interaktion mit Lehrkräften.	0	1	2	3
9. Hat Probleme, während des Unterrichtes ruhig zu arbeiten (entsprechend den Regeln)	0	1	2	3
10. Hat Probleme, während des Unterrichtes sitzen zu bleiben (entsprechend den Regeln)	0	1	2	3

Bemerkungen:

Döpfner, Lehmkuhl & Steinhausen (2006). Kinder-Diagnostik-System KIDS 1 – Aufmerksamkeitsdefizit- und Hyperaktivitätsstörung (ADHS). Göttingen: Hogrefe.

6 Verfahren zur weiterführenden Diagnostik für die medikamentöse Therapie und zur Titration

6.1 Checkliste zur organischen Abklärung und medikamentösen Therapie von Aufmerksamkeits-defizit-/Hyperaktivitätsstörungen (CM-ADHS)

Kurzbeschreibung

Beurteiler	Klinische Beurteilung durch den Arzt
Altersbereich	Gesamtes Kindes- und Jugendalter
Autoren	Döpfner, Frölich & Lehmkuhl (2000)
Quelle	Modifizierte Fassung aus: Hyperkinetische Störungen. Leitfaden Kinder- und Jugend-psychotherapie, Band 1. Göttingen: Hogrefe.
Bezug	Kopiervorlage

Zielsetzung

Die *Checkliste zur organischen Abklärung und medikamentösen Therapie von Aufmerksamkeitsdefizit-/Hyperaktivitätsstörungen (CM-ADHS)* ist eine modifizierte Fassung der im Leitfaden Hyperkinetische Störungen (Döpfner et al., 2000) publizierten Checkliste und orientiert sich an den dort vorgegebenen Leitlinien zur körperlichen Abklärung und medikamentösen Einstellung von Kindern und Jugendlichen mit ADHS.

Aufbau

Die Checkliste ist in folgende Bereiche eingeteilt:

- Somatischer Befund
- Abklärung von absoluten/relativen Kontraindikationen für Pharmako-therapie
- Klinische Diagnose
- Exploration potenzieller psychischer Nebenwirkungen
- Aufklärung der Eltern und des Patienten
- Dosisaustestung
- Verlaufskontrolle und Auslassversuche

Anwendung

Die Checkliste wird vom Arzt ausgefüllt. Ergebnisse anderer Verfahren können in die klinische Beurteilung einfließen, z. B.:

- Bei der Exploration potenzieller psychischer Nebenwirkungen kann der *Fragebogen über mögliche Nebenwirkungen von Medikamenten (NW-ADHS)* hinzugezogen werden (siehe Kap. 6.2), der von den Eltern oder auch dem älteren Kind/Jugendlichen selbst ausgefüllt wird.
- Bei Verlaufskontrollen und Auslassversuchen können verschiedene andere Fragebogen zur Erfassung der ADHS-Symptomatik (siehe Kap. 3) und zur Verlaufskontrolle (siehe Kap. 7) eingesetzt werden.

Durchführung

Anhand der Checkliste kann der Arzt die Ergebnisse der organischen Abklärung, der Dosisaustestung und der Verlaufskontrolle dokumentieren.

Auswertung

Keine quantitative Auswertung

Reliabilität und Validität	Keine Angaben
Normen und Grenzwerte	Keine quantitative Auswertung, daher sind auch keine Normen oder Grenzwerte verfügbar.
Literatur	Döpfner, M., Frölich, J. & Lehmkuhl, G. (2000). *Hyperkinetische Störungen.* Göttingen: Hogrefe.

Checkliste zur medikamentösen Therapie von Aufmerksamkeitsdefizit-/Hyperaktivitätsstörungen (CM-ADHS)

Patient: _____ Untersucher: _____ Datum: _____

1 Angaben zum Patienten	Geburtsdatum:	Alter:

2 Somatischer Befund

Körpergröße:	Körpergewicht:

Blutdruck, Puls

Leberwerte

neurologischer Befund

Dysmorphiezeichen

Hirnnerven/Reflexstatus

Seh-/Hörfähigkeit

Feinmotorik/Koordination

Sprache

internistischer Befund

andere Befunde

3 Abklärung von absoluten/relativen Kontraindikationen (KI) für Pharmakotherapie

kein Hinweis auf Psychose (absolute KI):

kein Hinweis auf Leberschädigung (absolute KI für Pemolin):

kein Anfallsleiden (relative KI):

kein arterieller Hochdruck (relative KI):

keine kardialen Arrhythmien (relative KI):

keine Tic-Störung (relative KI):

kein Medikamenten-/Drogenabusus (relative KI):

4 Klinische Diagnose

Döpfner, Lehmkuhl & Steinhausen (2006). Kinder-Diagnostik-System KIDS 1 – Aufmerksamkeitsdefizit- und Hyperaktivitätsstörung (ADHS). Göttingen: Hogrefe.

153

5 Exploration potentieller psychischer Nebenwirkungen (anhand des Fragebogens über mögliche Nebenwirkungen von Stimulanzien, NW-ADHS)

Hinweise auf psychische Auffälligkeiten, die auch durch Stimulanzien ausgelöst/verstärkt werden können:

6 Aufklärung der Eltern und des Patienten

hinsichtlich:
– erwarteter Veränderung der Symptomatik
– Dosierung und Verlauf der medikamentösen Einstellung
– möglicher Nebenwirkungen

Aufklärung erfolgt am:

7 Dosisaustestung

Beginn der Titration:	Anfangsdosis:
Veränderung der Dosierung am:	Dosis:
Veränderung der Dosierung am:	Dosis:
Veränderung der Dosierung am:	Dosis:
Enddosis:	

8 Verlaufskontrolle und Auslassversuche

Datum				
bisherige Dosierung				
Körpergewicht/-größe				
Blutdruck/Puls				
andere somatische Kontrollen:				
ADHS-Symptomatik im Kindergarten/ in der Schule[1]				
ADHS-Symptomatik in der Familie[1]				
andere psychische Symptomatik[1]				
Nebenwirkungen[1]				
Auslassversuch am				
Ergebnis des Auslassversuchs				
Weitere Dosierung				

1) Beurteilung anhand ADHS-KGE: im Vergleich zum Ausgangsniveau: +3 = sehr stark verbessert, +2 = stark verbessert, +1 = geringfügig verbessert, 0 = unverändert, −1 = geringfügig verschlechtert, −2 = stark verschlechtert, −3 = sehr stark verschlechtert

Döpfner, Lehmkuhl & Steinhausen (2006). Kinder-Diagnostik-System KIDS 1 – Aufmerksamkeitsdefizit- und Hyperaktivitätsstörung (ADHS). Göttingen: Hogrefe.

6.2 Fragebogen über mögliche Nebenwirkungen von Medikamenten (NW-ADHS)

Kurzbeschreibung

Beurteiler	Eltern, Lehrer oder Patienten (etwa ab 10 Jahren)
Altersbereich	Gesamtes Kindes- und Jugendalter
Autoren	Döpfner, Frölich & Lehmkuhl (2000)
Quelle	Modifizierte Fassung aus: Hyperkinetische Störungen. Leitfaden Kinder- und Jugend-psychotherapie, Band 1. Göttingen: Hogrefe
Bezug	Kopiervorlage

Zielsetzung

Der *Fragebogen über mögliche Nebenwirkungen von Medikamenten (NW-ADHS)* ist eine modifizierte Fassung des im Leitfaden Hyperkineti-sche Störungen (Döpfner et al., 2000) publizierten Fragebogens und er-fasst die häufigsten Nebenwirkungen, die bei der Pharmakotherapie von ADHS (mit Psychostimulanzien oder Atomoxetin) am häufigsten auftre-ten können.

Aufbau

Der Fragebogen besteht aus 17 Items, die auf einer 10-stufigen Skala von 0 = überhaupt nicht bis 9 = sehr häufig/sehr stark beurteilt werden.

Anwendung

Der Fragebogen sollte auf jeden Fall von den Eltern, kann aber auch von Erziehern/Lehrern oder älteren Kindern und Jugendlichen selbst ausge-füllt werden.

Durchführung

Am besten wird der Fragebogen zunächst vor Beginn der medikamen-tösen Therapie (oder in der Plazebo-Phase) und dann eine Woche nach Medikamentengabe/Dosisveränderung erneut beantwortet. Wenn Symp-tome angegeben werden, ist eine weiterführende klinische Exploration hilfreich.

Auswertung

Keine quantitative Auswertung.

Reliabilität und Validität

Keine Angaben.

Normen und Grenzwerte

Keine quantitative Auswertung, daher sind auch keine Normen oder Grenzwerte verfügbar.

Literatur

Döpfner, M., Frölich, J. & Lehmkuhl, G. (2000). *Hyperkinetische Störun-gen.* Göttingen: Hogrefe.

Fragebogen über mögliche Nebenwirkungen von Medikamenten (NW-ADHS)

Name des Kindes: _____   Datum heute: _____

Beurteiler: _____

Sie finden eine Liste von Verhaltensweisen und Problemen, die in einzelnen Fällen bei einer medikamentösen Behandlung von Kindern und Jugendlichen auftreten können. Beurteilen Sie bitte *für die zurückliegende Woche,* wie stark diese Verhaltensweisen und Probleme ausgeprägt waren, indem Sie eine der Zahlen zwischen 0 (überhaupt nicht) und 9 (sehr häufig/sehr stark) ankreuzen.

Wenn Sie das Verhalten oder Problem in der vergangenen Woche *nicht beobachtet* haben, dann kreuzen sie bitte die *0* an. Wenn Sie das Verhalten oder Problem *sehr häufig beobachtet haben oder wenn es sehr stark ausgeprägt war,* dann kreuzen Sie bitte die *9* an. Sie können auch eine andere Zahl ankreuzen, wenn das Verhalten oder Problem weniger stark oder weniger häufig aufgetreten ist. Kreuzen Sie bitte immer eine Zahl an, auch wenn Sie sich nicht ganz sicher sind.

	überhaupt nicht → sehr häufig! sehr stark
1. hat Probleme beim Einschlafen oder andere Schlafstörungen	0 1 2 3 4 5 6 7 8 9
2. hat Albträume	0 1 2 3 4 5 6 7 8 9
3. starrt ins Leere oder hat Tagträume	0 1 2 3 4 5 6 7 8 9
4. spricht mit anderen wenig	0 1 2 3 4 5 6 7 8 9
5. interessiert sich nicht für Andere	0 1 2 3 4 5 6 7 8 9
6. hat wenig Appetit	0 1 2 3 4 5 6 7 8 9
7. ist empfindlich oder reizbar	0 1 2 3 4 5 6 7 8 9
8. hat Magenschmerzen	0 1 2 3 4 5 6 7 8 9
9. hat Kopfschmerzen	0 1 2 3 4 5 6 7 8 9
10. klagt über Schwindel	0 1 2 3 4 5 6 7 8 9
11. wirkt traurig	0 1 2 3 4 5 6 7 8 9
12. weint schnell	0 1 2 3 4 5 6 7 8 9
13. ist ängstlich	0 1 2 3 4 5 6 7 8 9
14. beißt Fingernägel	0 1 2 3 4 5 6 7 8 9
15. wirkt über die Maßen fröhlich oder euphorisch	0 1 2 3 4 5 6 7 8 9
16. ist müde	0 1 2 3 4 5 6 7 8 9
17. hat nervöse Zuckungen oder Tics	0 1 2 3 4 5 6 7 8 9

Döpfner, Lehmkuhl & Steinhausen (2006). Kinder-Diagnostik-System KIDS 1 – Aufmerksamkeitsdefizit- und Hyperaktivitätsstörung (ADHS). Göttingen: Hogrefe.

6.3 Beurteilungsbogen zur Austestung medikamentöser Therapie bei ADHS (BM-ADHS)

Beurteiler	Eltern, Lehrer oder Erzieher
Altersbereich	Gesamtes Kindes- und Jugendalter
Autoren	Döpfner, Frölich & Lehmkuhl (2000)
Quelle	Modifizierte Fassung aus: Hyperkinetische Störungen. Leitfaden Kinder- und Jugendpsychotherapie, Band 1. Göttingen: Hogrefe
Bezug	Kopiervorlage

Zielsetzung

Der *Beurteilungsbogen zur Austestung medikamentöser Therapie bei ADHS (BM-ADHS)* ist eine leicht modifizierte Fassung des im Leitfaden Hyperkinetische Störungen (Döpfner et al., 2000) publizierten Fragebogens und dient der Überprüfung der Effekte medikamentöser Therapie.

Aufbau

Der Bogen besteht aus zwei Teilen: dem in vielen Studien eingesetzten *Hyperactivity Index* und aus der *Problemliste – Verhaltensprobleme des Kindes*. Auf einem Bogen können bis zu sieben Wochen-Beurteilungen abgegeben werden.

Der *Hyperactivity-Index* ist eine Zusammenfassung von zehn Items, die sich in pharmakologischen Studien als besonders änderungssensitiv erwiesen haben. Die Items erfassen anhand einer vierstufigen Antwortskala nicht nur die hyperkinetische Kernsymptomatik, sondern auch aggressives Verhalten und emotionale Labilität. Zur Auswertung wird der Summenwert über die zehn Items gebildet und in die entsprechende Spalte in der Zeile „Teil A: Summe Conners" eingetragen.

Der *Teil B: Problemliste – Verhaltensprobleme des Kindes* entspricht im Wesentlichen dem in Kapitel 7.2 beschriebenen Problembogen. In diese Liste können die gemeinsam mit dem Klassenlehrer, den Eltern oder der Erzieherin definierten individuellen Verhaltensprobleme des Kindes eingetragen werden, die durch die Behandlung vermindert werden sollen. Es sollte sich um Probleme handeln, die bei dem Kind häufig und/oder intensiv auftreten und für den Lehrer bzw. die Klasse störend sind. Die Verhaltensprobleme sollten möglichst präzise formuliert werden (z. B. „bleibt keine 5 Minuten ruhig sitzen", „steht mindestens fünf Mal pro Unterrichtsstunde auf"; „ruft ständig in die Klasse"). Die präzise Formulierung individueller Verhaltensprobleme trägt dazu bei, den individuellen Nutzen einer medikamentösen Behandlung besser überprüfen zu können, da die Symptome des Connors-Fragebogen oft zu global formuliert sind.

Anwendung

Der Fragebogen eignet sich vor allem zur Austestung der Effekte medikamentöser Therapie in der Schule, er kann aber auch im Kindergarten eingesetzt werden und von der Erzieherin beurteilt werden. Außerdem können auch Eltern diesen Bogen bearbeiten und damit die Effekte medikamentöser Therapie auf das Verhalten des Kindes in der Familie überprüfen. Dieser Bogen überprüft nicht wie der *ADHS-Tagesprofilbogen für*

Eltern (ADHS-TAP-Eltern) und der *ADHS-Tagesprofilbogen für Lehrer (ADHS-TAP-Lehrer)* die Effekte medikamentöser Therapie zu einzelnen Tagesabschnitten. Wenn dies gewünscht wird, ist es besser, die Tagesprofil-Bögen einzusetzen.

Durchführung

Der *Beurteilungsbogen zur Austestung medikamentöser Therapie bei ADHS (BM-ADHS)* lässt sich im Rahmen der medikamentösen Austestung mit Psychostimulanzien wie folgt einsetzen:

– Nach Ausschluss von Kontraindikationen und Aufklärung der Eltern und des Patienten werden potentielle Nebenwirkungen der medikamentösen Therapie mit dem *Fragebogen über mögliche Nebenwirkungen von Medikamenten (NW-ADHS;* siehe Kap. 6.2) erhoben. Da Kinder mit ADHS gehäuft Symptome aufweisen, die auch Nebenwirkungen einer Pharmakotherapie sein können, sollten vor Beginn des Behandlungsversuches diese Symptome erhoben werden. Nur auf diese Weise ist es möglich, im Verlauf der Pharmakotherapie eine Zunahme dieser Symptome als Reaktion auf die Medikation festzustellen.
– Der Therapeut nimmt Kontakt mit dem Klassenlehrer auf, klärt ihn über die Medikation und den geplanten Behandlungsversuch auf. Er weist daraufhin, dass eine möglichst genaue Überprüfung der Effekte notwendig ist und es zu diesem Zweck hilfreich ist, dass der Lehrer zunächst nicht darüber aufgeklärt ist, welche Dosierung wann gegeben wird. Der Arzt vereinbart mit dem Lehrer für die kommenden Wochen die Durchführung von wöchentlichen Beurteilungen anhand des Beurteilungsbogens, die telefonisch oder per Fax abgefragt werden können. In den ersten beiden Wochen wird zunächst kein Medikament verabreicht, danach kann in wöchentlichen oder zweiwöchigen Abständen aufdosiert werden.

Der Fragebogen kann auch bei Auslassversuchen eingesetzt werden, die einmal jährlich stattfinden sollten. Genauere Hinweise zur Austestung der Effekte und zur Durchführung von Auslassversuchen gibt der Leitfaden Hyperkinetische Störungen (Döpfner et al., 2000).

Auswertung

Die Items 1 bis 10 des ersten Teils werden aufaddiert und im Bogen bei „Summe Conners" eingetragen. Wenn individuelle Probleme definiert wurden, werden deren Beurteilungen ebenfalls zu einem Summenwert addiert und in die entsprechende Zeile eingetragen. Anhand beider Werte können die Veränderungen unter den verschiedenen Behandlungsbedingungen beurteilt werden.

Reliabilität und Validität

Der Fragebogen erwies sich als änderungssensitiv für Psychostimulanzientherapie (Döpfner et al., 2004).

Literatur

Döpfner, M., Frölich, J. & Lehmkuhl, G. (2000). *Hyperkinetische Störungen.* Göttingen: Hogrefe.
Döpfner, M., Breuer, D., Schürmann, S., Wolff Metternich, T., Rademacher, C. & Lehmkuhl, G. (2004). Effectiveness of an adaptive multimodal treatment in children with Attention Deficit Hyperactivity Disorder – global outcome. *European Child & Adolescent Psychiatry, 12* (supplement 1), I 117–I 129.

Beurteilungsbogen für Eltern, Lehrer und Erzieher
zur Austestung medikamentöser Therapie (BM-ADHS)

Kind: _____ Alter: _____ Datum: _____

beurteilt von: ◯ Vater ◯ Mutter ◯ Lehrer(in) ◯ Erzieher(in) ◯ Anderem: _____

Beurteilen Sie bitte das Verhalten des Kindes zum Ende der Woche. Tragen Sie hinter jede Feststellung eine Zahl in die entsprechende Spalte ein. **Teil A: Hyperactivity Index**		Woche 1	Woche 2	Woche 3	Woche 4	Woche 5	Woche 6	Woche 7
Beurteilungs-Skala:	0 überhaupt nicht 1 ein wenig 2 ziemlich 3 sehr stark	Datum	Datum	Datum	Datum	Datum	Datum	Datum
01. Ist unruhig oder übermäßig aktiv.		◯	◯	◯	◯	◯	◯	◯
02. Ist erregbar oder impulsiv.		◯	◯	◯	◯	◯	◯	◯
03. Stört andere Kinder.		◯	◯	◯	◯	◯	◯	◯
04. Beendet angetrage Aufgaben nicht (kurze Aufmerksamkeitsspanne).		◯	◯	◯	◯	◯	◯	◯
05. Ist ständig zappelig.		◯	◯	◯	◯	◯	◯	◯
06. Ist unaufmerksam oder ablenkbar.		◯	◯	◯	◯	◯	◯	◯
07. Seinen Forderungen muss sofort nachgekommen werden; kann nicht abwarten, ist rasch enttäuscht.		◯	◯	◯	◯	◯	◯	◯
08. Hat Wutausbrüche und explosives oder unüberlegtes Verhalten.		◯	◯	◯	◯	◯	◯	◯
09. Weint schnell.		◯	◯	◯	◯	◯	◯	◯
10. Hat abrupte Stimmungsschwankungen		◯	◯	◯	◯	◯	◯	◯
Teil B: Problemliste – Verhaltensprobleme des Kindes								
Beurteilungs-Skala (Fragen 1 bis 4)	Wie häufig trat das Problemverhalten auf? 0 1 2 3 4 5 nie einmal 2–3 Mal täglich mehrm. täglich ständig							
1.		◯	◯	◯	◯	◯	◯	◯
2.		◯	◯	◯	◯	◯	◯	◯
3.		◯	◯	◯	◯	◯	◯	◯
4.		◯	◯	◯	◯	◯	◯	◯
5. Wie problematisch war das Verhalten des Kindes insgesamt? kein Problem 0 1 2 3 4 5 6 7 8 9 Es hätte nicht schlimmer sein können		◯	◯	◯	◯	◯	◯	◯
Teil C: Wird vom Arzt/ Psychologen ausgefüllt	Teil A: Summe Hyperactivity Index							
	Teil B: Summe Problemliste (1–4)							
	Dosierung							
Andere Auffälligkeiten oder zusätzliche Bemerkungen bitte auf der Rückseite								

Döpfner, Lehmkuhl & Steinhausen (2006). Kinder-Diagnostik-System KIDS 1 – Aufmerksamkeitsdefizit- und Hyperaktivitätsstörung (ADHS). Göttingen: Hogrefe.

159

6.4 ADHS-Tagesprofilbogen für Eltern (ADHS-TAP-Eltern)

Kurzbeschreibung

Beurteiler	Eltern
Altersbereich	Gesamtes Kindes- und Jugendalter
Autoren	Döpfner (2004)
Quelle	Neuentwicklung
Bezug	Kopiervorlage

Zielsetzung

Der *ADHS-Tagesprofibogen für Eltern (ADHS-TAP-Eltern)* dient der Überprüfung der Effekte medikamentöser Therapie und zielt besonders auf die Erfassung der täglichen Wirkdauer der medikamentösen Therapie ab. Die verfügbaren Methylphenidat-Präparate unterscheiden sich in ihrer Wirkdauer. Die unmittelbar nach der Einnahme Methylphenidat freisetzenden Präparate haben eine Wirkdauer von etwa drei bis sechs Stunden, andere Methylphenidat-Präparate und auch Atomoxetin können eine längere Wirkdauer erzielen (Lehmkuhl et al., 2004). Der *ADHS-Tagesprofilbogen für Eltern* soll bei der Optimierung der Wirkdauer behilflich sein. Gemeinsam mit dem *ADHS-Tagesprofilbogen für Lehrer* (siehe Kap. 6.5) kann der Verlauf der ADHS-Symptomatik über den gesamten Schultag hinweg erfasst werden.

Aufbau

Der Bogen besteht aus zwei Teilen. Im ersten Teil werden Symptome von ADHS (Items 1 bis 3) und aggressiv-oppositionelles Verhalten (Item 4 und 5) sowie eine Gesamtbeurteilung der Verhaltensproblematik des Kindes (Item 6) erhoben. Die Stärke dieser Auffälligkeiten werden für vier Tagesabschnitte anhand von vierstufigen Antwortskalen beurteilt: Morgens (Wecken, Anziehen usw.), nachmittags bis ca. 16.00 Uhr (mit Mittagessen, Hausaufgaben), später Nachmittag bis ca. 19.00 Uhr und abends, einschließlich zu Bett gehen. Die Beurteilung dieser Probleme zu den einzelnen Tagesabschnitten erfolgt retrospektiv für die vorangegangene Woche.

Der zweite Teil erfasst anhand von 11 Items potenzielle unerwünschte Wirkungen einer medikamentösen Therapie. Dieser zweite Teil ist in Anlehnung an die Pittsburgh Side-Effects Rating Scale entwickelt, die in der Multisite Treatment Study of ADHD (MTA-Study) eingesetzt wurde (MTA Cooperative Group, 1999). Die Merkmale werden ebenfalls anhand einer vierstufigen Antwortskala retrospektiv für die vergangene Woche beurteilt.

Anwendung

Der Fragebogen eignet sich vor allem zur Austestung der Effekte medikamentöser Therapie am Morgen und am Nachmittag sowie am Abend. Zusammen mit dem parallel aufgebauten *ADHS-Tagesprofilbogen für Lehrer* (siehe Kap. 6.5) kann der gesamt Tag erfasst werden. Die Beurteilung erfolgt retrospektiv für die vergangene Woche. Falls eine retrospekitve Beurteilung nicht hinreichend zuverlässig erfolgen kann, kann der Bogen auch für die Beurteilung des Verhaltens an einzelnen Tagen eingesetzt werden.

Durchführung

Das ADHS-Tagesprofil kann ähnlich wie der *Beurteilungsbogen zur Austestung medikamentöser Therapie bei ADHS (BM-ADHS;* siehe Kap. 6.3) eingesetzt werden. Nachdem in den ersten beiden Beurteilungswochen kein Medikament oder ein Plazebo verabreicht werden, kann in den darauf folgenden Wochen in wöchentlichen oder zweiwöchigen Abständen aufdosiert oder auf Präparate mit längere Wirkdauer umgestellt werden. Eine Strategie zur Optimierung der medikamentösen Therapie besteht darin, zunächst Präparate mit schnell freisetzendem Methylphenidat zu verwenden und danach bei Bedarf auf länger wirksame Methylphenidat Präparate oder bei Indikation auch auf Atomoxetin zu wechseln. Das ADHS-Tagesprofil hilft bei der Umsetzung einer solchen Strategie.

Der Fragebogen kann auch bei Auslassversuchen eingesetzt werden, die einmal jährlich stattfinden sollten. Genauere Hinweise zur Austestung der Effekte und zur Durchführung von Auslassversuchen gibt der Leitfaden Hyperkinetische Störungen (Döpfner et al., 2000)

Auswertung

Mit dem *ADHS-Tagesprofibogen für Eltern* wird ein Profil für jeden einzelnen Tagesabschnitt erstellt. Die Items 1 bis 6 können auch pro Tagesabschnitt summiert werden, um so anhand eines Wertes einen Hinweis auf die Stärke der Verhaltensproblematik pro Tagesabschnitt zu erhalten. Die Angaben zu den unerwünschten Wirkungen werden ebenfalls auf Itemebene betrachtet und können Ausgangspunkt einer weitergehenden Exploration sein.

Reliabilität und Validität

Der Fragebogen wird gegenwärtig auf seine psychometrischen Eigenschaften hin untersucht.

Literatur

Döpfner, M., Frölich, J. & Lehmkuhl, G. (2000). *Hyperkinetische Störungen.* Göttingen: Hogrefe.

Lehmkuhl, G., Adam, C., Frölich, J., Sevecke, K. & Döpfner, M. (2004). *Aufmerksamkeitsdefizit-/Hyperaktivitätsstörungen im Kindes-, Jugend- und Erwachsenenalter.* Bremen: UNI-MED.

MTA Cooperative Group (1999a). A 14-month randomized clinical trial of treatment strategies for attention-deficit/hyperactivity disorder. *Archives of General Psychiatry, 56,* 1073–1086.

ADHS-Tagesprofilbogen für Eltern (ADHS-TAP-Eltern)

Name des Kindes: _____ Beurteiler: ◯ Mutter ◯ Vater ◯ andere: _____

Datum heute: _____ Beurteilungszeitraum: _____

Wie problematisch war nach Ihrer Einschätzung das Verhalten des Kindes zu den einzelnen Tageszeiten in der letzten Woche (nur Schultage)?

Verhalten	Problemstärke			
	Morgens (Wecken, Anziehen usw.)	Nachmittags bis ca. 16.00 Uhr (Essen, Hausaufgaben)	Später Nachmittag bis ca. 19.00 Uhr	Abends, einschließlich zu Bett gehen
	gar nicht / ein wenig / ziemlich stark / sehr stark	gar nicht / ein wenig / ziemlich stark / sehr stark	gar nicht / ein wenig / ziemlich stark / sehr stark	gar nicht / ein wenig / ziemlich stark / sehr stark
1. *Unaufmerksamkeit:* Ist unaufmerksam, ablenkbar, kann sich nicht konzentrieren oder passt nicht auf	0 1 2 3	0 1 2 3	0 1 2 3	0 1 2 3
2. *Unruhe:* Ist unruhig, übermäßig aktiv, zappelig oder kann nicht sitzen bleiben	0 1 2 3	0 1 2 3	0 1 2 3	0 1 2 3
3. *Impulsivität:* Ist impulsiv, kann nicht abwarten, unterbricht andere oder handelt, ohne zu überlegen	0 1 2 3	0 1 2 3	0 1 2 3	0 1 2 3
4. Hält sich nicht an Regeln und Anweisungen	0 1 2 3	0 1 2 3	0 1 2 3	0 1 2 3
5. Ärgert andere, zeigt aggressives Verhalten oder hat Wutausbrüche	0 1 2 3	0 1 2 3	0 1 2 3	0 1 2 3
6. Wie problematisch ist das Verhalten insgesamt?	0 1 2 3	0 1 2 3	0 1 2 3	0 1 2 3

bitte wenden

Döpfner, Lehmkuhl & Steinhausen (2006). Kinder-Diagnostik-System KIDS 1 – Aufmerksamkeitsdefizit- und Hyperaktivitätsstörung (ADHS). Göttingen: Hogrefe.

Beurteilen Sie noch bitte, wie stark Sie folgende Verhaltensweisen und Probleme in der letzten Woche bei dem Kind beobachten konnten.	gar nicht	ein wenig	ziemlich stark	sehr stark
1. Wirkt ängstlich oder besorgt	0	1	2	3
2. Weint schnell, wirkt traurig oder bedrückt	0	1	2	3
3. Wirkt müde, apathisch oder lustlos	0	1	2	3
4. Zieht sich zurück oder macht nichts mit anderen zusammen	0	1	2	3
5. Wirkt mürrisch oder reizbar	0	1	2	3
6. Hat nervöse Zuckungen oder Tics (z. B. Augenblinzeln, Kopfrucken)	0	1	2	3
7. Zupft sich, beißt Fingernägel, beißt auf die Lippen	0	1	2	3
8. Klagt über Kopfschmerzen	0	1	2	3
9. Klagt über Bauchschmerzen	0	1	2	3
10. Hat wenig Appetit	0	1	2	3
11. Hat Probleme beim Einschlafen oder andere Schlafprobleme	0	1	2	3

Bemerkungen:

Vielen Dank.

6.5 ADHS-Tagesprofilbogen für Lehrer (ADHS-TAP-Lehrer)

Kurzbeschreibung

Beurteiler	Lehrer
Altersbereich	Schulalter
Autoren	Döpfner (2004)
Quelle	Neuentwicklung
Bezug	Kopiervorlage

Zielsetzung

Der *ADHS-Tagesprofilbogen für Lehrer (ADHS-TAP-Lehrer)* dient der Überprüfung der Effekte medikamentöser Therapie und zielt besonders auf die Erfassung der täglichen Wirkdauer der medikamentösen Therapie während der Schulzeit ab. Die verfügbaren Methylphenidat-Präparate unterscheiden sich in ihrer Wirkdauer. Die unmittelbar nach der Einnahme Methylphenidat freisetzenden Präparate haben eine Wirkdauer von etwa drei bis sechs Stunden. Mitunter vermindern sich die Effekte dieser Präparate bereits im Laufe des Schulvormittags. Andere Methylphenidat-Präparate und auch Atomoxetin können eine längere Wirkdauer erzielen (Lehmkuhl et al., 2004). Der *ADHS-Tagesprofilbogen für Lehrer* soll bei der Optimierung der Wirkdauer behilflich sein. Gemeinsam mit dem *ADHS-Tagesprofilbogen für Eltern* (siehe Kap. 6.4) kann der Verlauf der ADHS-Symptomatik über den gesamten Schultag hinweg erfasst werden.

Aufbau

Der Bogen besteht aus zwei Teilen. Im ersten Teil werden Symptome von ADHS (Items 1 bis 3) und aggressiv-oppositionelles Verhalten (Item 4 und 5) sowie eine Gesamtbeurteilung der Verhaltensproblematik des Kindes (Items 6) erhoben. Die Stärke dieser Auffälligkeiten wird für die erste und in die zweite Hälfte des Schulvormittags anhand von vierstufigen Antwortskalen beurteilt. Die Beurteilung dieser Probleme zu den beiden Tagesabschnitten erfolgt retrospektiv für die vorangegangene Woche.

Der zweite Teil erfasst anhand von 9 Items potenzielle unerwünschte Wirkungen einer medikamentösen Therapie. Dieser zweite Teil ist in Anlehnung an die Pittsburgh Side-Effects Rating Scale entwickelt, die in der Multisite Treatment Study of ADHD (MTA-Study) eingesetzt wurde (MTA Cooperative Group, 1999). Die Merkmale werden ebenfalls anhand einer vierstufigen Antwortskala retrospektiv für die vergangene Woche beurteilt.

Anwendung

Der Fragebogen eignet sich vor allem zur Austestung der Effekte medikamentöser Therapie am Schulvormittag. Zusammen mit dem parallel aufgebauten *ADHS-Tagesprofilbogen für Eltern* (siehe Kap. 6.4) kann der gesamt Tag erfasst werden. Die Beurteilung erfolgt retrospektiv für die vergangene Woche. Falls eine retrospektive Beurteilung nicht hinreichend zuverlässig erfolgen kann, kann der Bogen auch für die Beurteilung des Verhaltens an einzelnen Tagen eingesetzt werden.

Durchführung

Das ADHS-Tagesprofil kann ähnlich wie der *Beurteilungsbogen zur Austestung medikamentöser Therapie bei ADHS (BM-ADHS;* siehe Kap. 6.3) eingesetzt werden – nachdem in den ersten beiden Beurteilungswochen kein Medikament oder ein Plazebo verabreicht wird, kann in den darauf folgenden Wochen in wöchentlichen oder zweiwöchigen Abständen auf-dosiert oder auf Präparate mit längere Wirkdauer umgestellt werden. Eine Strategie zur Optimierung der medikamentösen Therapie besteht darin, zunächst Präparate mit schnell freisetzendem Methylphenidat zu verwenden und danach bei Bedarf auf länger wirksame Methylphenidat Präparate oder bei Indikation auch auf Atomoxetin zu wechseln. Das ADHS-Tagesprofil hilft bei der Umsetzung einer solchen Strategie.

Der Fragebogen kann auch bei Auslassversuchen eingesetzt werden, die einmal jährlich stattfinden sollten. Genauere Hinweise zur Austestung der Effekte und zur Durchführung von Auslassversuchen gibt der Leitfaden Hyperkinetische Störungen (Döpfner et al., 2000)

Auswertung

Mit dem *ADHS-Tagesprofilbogen für Lehrer* wird ein Profil für die beiden Abschnitte des Schulvormittags erstellt. Die Items 1 bis 6 können auch pro Tagesabschnitt summiert werden, um so anhand eines Wertes einen Hinweis auf die Stärke der Verhaltensproblematik pro Tagesabschnitt zu erhalten. Die Angaben zu den unerwünschten Wirkungen werden ebenfalls auf Itemebene betrachtet und können Ausgangspunkt einer weitergehenden Exploration sein.

Reliabilität und Validität

Der Fragebogen wird gegenwärtig auf seine psychometrischen Eigenschaften hin untersucht.

Literatur

Döpfner, M., Frölich, J. & Lehmkuhl, G. (2000). *Hyperkinetische Störungen*. Göttingen: Hogrefe.

Lehmkuhl, G., Adam, C., Frölich, J., Sevecke, K. & Döpfner, M. (2004). *Aufmerksamkeitsdefizit-/Hyperaktivitätsstörungen im Kindes-, Jugend- und Erwachsenenalter*. Bremen: UNI-MED.

MTA Cooperative Group (1999a). A 14-month randomized clinical trial of treatment strategies for attention-deficit/hyperactivity disorder. *Archives of General Psychiatry, 56,* 1073–1086.

ADHS-Tagesprofilbogen für Lehrer (ADHS-TAP-Lehrer)

Name des Schülers: _____ Klasse: _____

Schule: _____ Beurteiler(in): _____

Datum heute: _____ Beurteilungszeitraum: _____

Wie problematisch war nach Ihrer Einschätzung das Verhalten des Schülers jeweils in der ersten und in der zweiten Hälfte des Schulvormittags in der letzten Wochen?

Problemverhalten	Problemstärke							
	Schulvormittag, 1. Hälfte				Schulvormittag, 2. Hälfte			
	gar nicht	ein wenig	ziemlich stark	sehr stark	gar nicht	ein wenig	ziemlich stark	sehr stark
1. *Unaufmerksamkeit:* Ist unaufmerksam, ablenkbar, kann sich nicht konzentrieren oder passt nicht auf	0	1	2	3	0	1	2	3
2. *Unruhe:* Ist unruhig, übermäßig aktiv, zappelig oder kann nicht sitzen bleiben	0	1	2	3	0	1	2	3
3. *Impulsivität:* Ist impulsiv, kann nicht abwarten, unterbricht Andere oder handelt, ohne zu überlegen	0	1	2	3	0	1	2	3
4. Hält sich nicht an Regeln und Anweisungen	0	1	2	3	0	1	2	3
5. Ärgert andere, zeigt aggressives Verhalten oder hat Wutausbrüche	0	1	2	3	0	1	2	3
6. Wie problematisch ist das Verhalten insgesamt?	0	1	2	3	0	1	2	3

Beurteilen Sie noch bitte, wie stark Sie folgende Verhaltensweisen und Probleme in der letzen Wochen bei dem Kind beobachten konnten.	gar nicht	ein wenig	ziemlich stark	sehr stark
1. Wirkt ängstlich oder besorgt	0	1	2	3
2. Weint schnell, wirkt traurig oder bedrückt	0	1	2	3
3. Wirkt müde, apathisch oder lustlos	0	1	2	3
4. Zieht sich zurück oder macht nichts mit anderen zusammen	0	1	2	3
5. Wirkt mürrisch oder reizbar	0	1	2	3
6. Hat nervöse Zuckungen oder Tics (z. B. Augenblinzeln, Kopfrucken)	0	1	2	3
7. Zupft sich, beißt Fingernägel, beißt auf die Lippen	0	1	2	3
8. Klagt über Kopfschmerzen	0	1	2	3
9. Klagt über Bauchschmerzen	0	1	2	3

Vielen Dank. Anmerkungen bitte auf der Rückseite.

Döpfner, Lehmkuhl & Steinhausen (2006). Kinder-Diagnostik-System KIDS 1 – Aufmerksamkeitsdefizit- und Hyperaktivitätsstörung (ADHS). Göttingen: Hogrefe.

7 Verfahren zur individuellen Verhaltensbeurteilung und Verlaufskontrolle

7.1 ADHS – Klinische Gesamteinschätzung (ADHS-KGE)

Kurzbeschreibung

Beurteiler	Klinisches Urteil
Altersbereich	Gesamtes Kindes- und Jugendalter
Autoren	Döpfner & Steinhausen (2004)
Quelle	Neuentwicklung
Bezug	Kopiervorlage

Zielsetzung

Die *ADHS – Klinische Gesamteinschätzung (ADHS-KGE)* ist eine Neuentwicklung. Sie enthält Skalen zur globalen klinischen Beurteilung der aktuellen Symptomatik und integriert eine Einschätzung der Veränderung der Symptomatik, wie sie in der (Clinical Golbal Impression Scale CGI (Guy, 1991) eingesetzt wird, wobei in Anlehnung an die „multisymptom domain form" nach Pliszka et al. (2000) nicht ein einziges globales Urteil für die Gesamtsymptomatik, sondern mehrere Urteile für einzelne Symptombereiche erhoben werden.

Aufbau

Die *ADHS – Klinische Gesamteinschätzung (ADHS-KGE)* ermöglicht eine Beurteilung der drei Kernsymptome von ADHS sowie eine Gesamtbeurteilung der ADHS-Symptomatik und darüber hinaus eine Einschätzung von fünf weiteren Symptomen, die häufig komorbide auftreten (aggressives Verhalten, Depressivität, Angst, Tics, Lernprobleme). Außerdem besteht die Möglichkeit, noch weitere Probleme zu definieren und zu beurteilen.

Diese Probleme werden zunächst hinsichtlich ihres aktuellen Status auf einer vierstufigen Skala eingeschätzt. Danach werden sie auf einer siebenstufigen Skala hinsichtlich des Ausmaßes ihrer Verbesserung oder Verschlechterung im Verlauf bzw. unter Therapie beurteilt. Die ADHS-KGE nimmt also eine domänenspezifische Einschätzung der aktuellen Situation sowie der Veränderung sein Behandlungsbeginn vor.

Anwendung

Die Beurteilung wird vom Untersucher vorgenommen und basiert in der Regel auf der Exploration der Eltern, aber auch von Lehrern und des Patienten selbst. Die *ADHS – Klinische Gesamteinschätzung (ADHS-KGE)* ermöglicht somit eine einfache und ökonomische Einschätzung und Dokumentation des Verlaufs unter Behandlung und sollte in der Routine zur Anwendung kommen.

Durchführung

Die Häufigkeit, mit der die Beurteilung vorgenommen wird, ist variabel. Bei der Veränderung von medikamentösen Interventionen sowie bei der Durchführung anderer therapeutischer Interventionen (z. B. verhaltenstherapeutische Maßnahmen in der Schule oder Verstärkersystem bei den Hausaufgaben) bietet sich eine relativ kurzfristige Wiederholung dieser Beurteilung an (z. B. nach 14 Tagen). Während der medikamentösen Dauertherapie genügt eine Beurteilung in größeren Abständen.

Auswertung

Mit der *Klinischen Gesamteinschätzung (ADHS-KGE)* wird ein Profil hinsichtlich der aktuellen Auffälligkeiten und der Veränderung der Probleme seit Behandlungsbeginn erstellt. Eine weitere Zusammenfassung der Werte ist nicht sinnvoll.

Reliabilität und Validität

Globale klinische Einschätzungen des aktuellen Status und der Veränderungen finden in der Pharmakotherapieforschung häufig Anwendung und haben sich als veränderungssensitiv erwiesen.

Literatur

Guy, A. B. (1991). Clinical Global Impressions Rating Scale (DHHS Publication ADM 91-B8). In: *ECDEU Assessment Manual for Psychopharmacology,* Revised (pp. 217–222). Washington, DC: US Government Printing Office.

Pliszka, S. R., Greenhill, L. L., Crismon, M. L., Sedillo, A., Carlson, C., Conners, C. K., McCracken, J. T., Swanson, J. M., Hughes, C. W., Llana, M. E., Lopez, M. & Toprac, M. G. (2000). The Texas Children's Medication Algorithm Project: Report of the Texas Consensus Conference Panel on Medication Treatment of Childhood Attention-Deficit/Hyperactivity Disorder. Part II: Tactics. Attention-Deficit/Hyperactivity Disorder. *J Am Acad Child Adolesc Psychiatry, 39* (7), 920–927.

ADHS-Klinische Gesamteinschätzung
ADHS-KGE

Name: _____ Geburtsdatum: _____

ausgefüllt von: _____ heutiges Datum: _____

Bereich	Aktueller Status				Veränderung im Vergleich zum Ausgangsniveau								Anmerkung
	unauffällig	etwas unauffällig	deutlich auffällig	stark auffällig	sehr stark verbessert	stark verbessert	geringfügig verbessert	unverändert	geringfügig verschlechtert	stark verschlechtert	sehr stark verschlechtert	nicht zutreffend	
Unaufmerksamkeit	0	1	2	3	+3	+2	+1	0	−1	−2	−3	9	
Impulsivität	0	1	2	3	+3	+2	+1	0	−1	−2	−3	9	
Hyperaktivität	0	1	2	3	+3	+2	+1	0	−1	−2	−3	9	
ADHS insgesamt	**0**	**1**	**2**	**3**	**+3**	**+2**	**+1**	**0**	**−1**	**−2**	**−3**	**9**	
Aggressives Verhalten	0	1	2	3	+3	+2	+1	0	−1	−2	−3	9	
Depressivität	0	1	2	3	+3	+2	+1	0	−1	−2	−3	9	
Angst	0	1	2	3	+3	+2	+1	0	−1	−2	−3	9	
Tics	0	1	2	3	+3	+2	+1	0	−1	−2	−3	9	
Lernprobleme	0	1	2	3	+3	+2	+1	0	−1	−2	−3	9	
	0	1	2	3	+3	+2	+1	0	−1	−2	−3	9	
	0	1	2	3	+3	+2	+1	0	−1	−2	−3	9	
Problematik insgesamt	**0**	**1**	**2**	**3**	**+3**	**+2**	**+1**	**0**	**−1**	**−2**	**−3**	**9**	

7.2 Problembogen

Kurzbeschreibung		
Beurteiler	Eltern, Erzieher, Lehrer oder Kind/Jugendlicher	
Altersbereich	Gesamtes Kindes- und Jugendalter	
Autoren	Döpfner, Frölich & Lehmkuhl (2000)	
Quelle	Modifizierte Fassung aus: Hyperkinetische Störungen. Leitfaden Kinder- und Jugendpsychotherapie, Band 1. Göttingen: Hogrefe	
Bezug	Kopiervorlage	

Zielsetzung

Der *Problembogen* dient der regelmäßigen Beurteilung von umschriebenem Problemverhalten durch Bezugspersonen (Eltern, Erzieher, Lehrer) oder auch durch ältere Kinder und Jugendliche. Das Problemverhalten wird jeweils individuell gemeinsam mit den Beteiligten definiert. Der Bogen ermöglich somit eine individualisierte Diagnostik und Verlaufskontrolle (Döpfner et al., 2000).

Aufbau

Der Beurteiler wird gebeten, bis zu vier individuell definierte Verhaltensprobleme für die vergangen Woche hinsichtlich der Auftretenshäufigkeit und der Problembelastung zu beurteilen. Zur Beurteilung der Auftretenshäufigkeit steht eine sechsstufige Skala zur Verfügung, die Problembelastung wird auf einer zehnstufigen Skala eingeschätzt.

Anwendung

Der Problembogen kann von Eltern, Erziehern, Lehrern oder auch von älteren Kindern und Jugendlichen beurteilt werden.

Durchführung

Die einzelnen Problemverhaltensweisen müssen möglichst konkret gemeinsam mit den Beurteiler definiert werden (z. B. braucht sehr lange bei den Hausaufgaben, trödelt und unterbricht sie häufig). Sie werden in den Problembogen eingetragen und können danach zur Beurteilung mehrfach kopiert werden. Der Bogen kann zum Beginn eines Therapiekontaktes ausgefüllt werden und so der individuellen Verlaufsbeurteilung dienen.

Auswertung

Der Verlauf hinsichtlich Problemhäufigkeit und Problembelastung kann anhand einer Grafik zusammengefasst werden.

Reliabilität und Validität

Die individuelle Problembeurteilung erwies sich in einer Studie zur multimodalen Therapie von Kindern mit ADHS als valide und änderungssensitiv (Döpfner et al., 2004; Frölich & Döpfner, 1997).

Literatur

Döpfner, M., Breuer, D., Schürmann, S., Wolff Metternich, T., Rademacher, C. & Lehmkuhl, G. (2004). Effectiveness of an adaptive multimodal treatment in children with Attention Deficit Hyperactivity Disorder – global outcome. *European Child & Adolescent Psychiatry, 12* (supplement 1), I 117 – I 129.

Döpfner, M., Frölich, J. & Lehmkuhl, G. (2000). *Hyperkinetische Störungen.* Göttingen: Hogrefe.

Frölich, J. & Döpfner, M. (1997). Individualisierte Diagnostik bei Kindern mit hyperkinetischen Störungen. *Praxis der Kinderpsychologie und Kinderpsychiatrie, 46,* 597–609.

Problembogen

für: _____   Beurteiler: _____

Datum: _____

Beurteilen Sie bitte für die vergangene Woche:
1. wie häufig das beschriebene Problemverhalten aufgetreten ist,
2. wie belastend oder beeinträchtigend Sie das Problemverhalten empfunden haben.

Problemverhalten	Wie häufig trat das Problemverhalten auf? nie · einmal · 2–3 Mal · täglich · mehrm. tägl. · ständig	Wie belastend war das Problem? kein Problem → es hätte nicht schlimmer sein können
1	0 1 2 3 4 5	0 1 2 3 4 5 6 7 8 9
2	0 1 2 3 4 5	0 1 2 3 4 5 6 7 8 9
3	0 1 2 3 4 5	0 1 2 3 4 5 6 7 8 9
4	0 1 2 3 4 5	0 1 2 3 4 5 6 7 8 9
5 Wie problematisch war das Verhalten des Kindes insgesamt?		0 1 2 3 4 5 6 7 8 9

7.3 Zielbogen und Detektivbogen

Beurteiler	Eltern, Erzieher, Lehrer, Jugendliche (Zielbogen) Kinder (Detektivbogen)
Altersbereich	Gesamtes Kindes- und Jugendalter
Autoren	Döpfner, Frölich & Lehmkuhl (2000)
Quelle	Modifizierte Fassung aus: Hyperkinetische Störungen. Leitfaden Kinder- und Jugendpsychotherapie, Band 1. Göttingen: Hogrefe
Bezug	Kopiervorlage

Zielsetzung

Der *Zielbogen (ZIBO)* ist auf der Basis der Zielerreichungsskalierung (goal attainment scaling) entwickelt worden (vgl. Kiresuk & Sherman, 1983; Mintz & Kiesler, 1982; Frölich & Döpfner, 1997). Dieser Bogen kann sowohl von Bezugspersonen oder auch von Jugendlichen bearbeitet werden. Er dient der regelmäßigen Beurteilung des Grades der Erreichung eines therapeutischen Zieles. Im Gegensatz zum *Problembogen* (siehe Kap. 7.2) ist hier ein positives Ziel formuliert (und nicht die Verminderung von Problematik angesprochen). Je nach individueller Konstellation können entweder Zielbogen oder Problembogen eingesetzt werden. Gelegentlich fällt es schwer, die Verminderung einer Problematik positiv als Verhaltensziel zu definieren.

Der *Detektivbogen* ist die Kinderversion des Zielbogens und lässt sich etwa ab dem Alter von acht Jahren anwenden. Dieser Bogen stellt eine Weiterentwicklung des Detektivbogens von Petermann & Petermann (2000) dar. Beide Bögen ermöglichen somit eine individualisierte Diagnostik und Verlaufskontrolle.

Aufbau

Beim *Zielbogen* wird der Beurteiler gebeten, in regelmäßigen Abständen den Grad der Zielerreichung zu bestimmen. Die Zielerreichung wird auf einer individuell definierten fünfstufigen in Skala angegeben und reicht von „verschlechtert" (–1), über „unverändert" (0) bis zu „erheblich verbessert, eigentlich kein Problem mehr" (+3).

Beim *Detektivbogen* wird zuerst das Ziel gemeinsam mit dem Kind definiert und eingetragen (z. B. „ich möchte in jeder Unterrichtsstunde mich mindestens einmal melden"), danach werden die drei Stufen der Zielerreichung (wie gut ist mir das gelungen?) Von „nicht gut" (z. B.: „ich habe mich heute nicht gemeldet"), über „gut" (z. B.: „ich habe es in einigen Unterrichtsstunden geschafft, mich zu melden") bis „super" (z. B.: „ich habe mich teilweise sogar noch häufiger als einmal in jeder Unterrichtsstunde gemeldet") individuell definiert. Das Kind markiert dann an dem entsprechenden Wochentag entweder per Smiley oder per Minus-, Plus- oder per Stern-Zeichen, wie gut es in tatsächlich gelungen ist, das definierte Ziel zu erreichen.

Anwendung

Der Zielbogen kann von Eltern, Erziehern, Lehrern oder Jugendlichen beurteilt werden, der Detektivbogen kann von Kindern etwa ab dem Alter von acht Jahren benutzt werden.

Durchführung

Die Bögen können täglich oder wöchentlich beurteilt werden. Eine tägliche Beurteilung bietet sich bei sehr häufigen oder sehr intensiven Auffälligkeiten an (z. B. ständige motorische Unruhe, permanente aggressive Auseinandersetzungen mit Geschwistern). Bevor der Bogen erarbeitet wird, muss sich der Untersucher darüber im Klaren sein, ob eine tägliche oder eine wöchentliche Beurteilung durchgeführt werden soll, weil die Definition der einzelnen Stufen entsprechend vorgenommen werden müssen.

Zunächst muss das individuelle Problem in seiner gegenwärtigen Intensität möglichst konkret beschrieben werden. Dieser gegenwärtige Zustand wird als Stufe 0 (unverändert) auf dem Bogen eingetragen (z. B.: „unterbricht ständig seiner Hausaufgaben, bleibt kaum fünf Minuten dabei und steht sehr häufig auf"). Danach kann die Stufe +3 definiert werden, bei der das Problemverhalten erheblich verbessert ist und eigentlich kein Problem mehr darstellt; das kann völlige Problemfreiheit bedeuten, oder noch besser eine so geringe Problemausprägung, dass sie als normal oder gut tolerabel eingeschätzt wird (z. B.: „ist noch unruhig bei den Hausaufgaben, bleibt aber dabei sitzen und bringt sie zügig zu Ende ohne dass eingegriffen werden muss"). Schließlich können die anderen Stufen ebenfalls möglichst konkret beschrieben werden. Beim *Detektivbogen* wird analog vorgegangen.

Auswertung

Der Verlauf hinsichtlich der Zielerreichung lässt sich direkt aus dem Zielbogen/Detektivbogen ablesen.

Literatur

Döpfner, M., Frölich, J. & Lehmkuhl, G. (2000). *Hyperkinetische Störungen*. Göttingen: Hogrefe.

Frölich, J. & Döpfner, M. (1997). Individualisierte Diagnostik bei Kindern mit hyperkinetischen Störungen. *Praxis der Kinderpsychologie und Kinderpsychiatrie, 46,* 597–609.

Kiresuk, T. J. & Sherman, R. E. (1983). Goal attainment scaling: A general method for evaluating comprehensive community mental health programs. *Community Mental Health Journal, 4,* 443–453.

Mintz, J. & Kiesler, D. J. (1982). Individualized measures of psychotherapy outcome. In P. C Kendall. & J. N. Butcher. (Eds.) *Handbook of research methods in clinical psychology*, (pp. 491–534). New York: Wiley.

Detektivbogen

Ich, _____

bin mein eigener Detektiv.

Mein Ziel
Ich will

Wie gut ist mir das gelungen?

☺ **Super!**
Beweis: _____ ✳

😐 **Gut**
Beweis: _____ ⊕

☹ **Nicht gut**
Beweis: _____ ⊖

Zeit	Montag	Diens-tag	Mitt-woch	Donners-tag	Freitag	Samstag	Sonntag
	○	○	○	○	○	○	○
	○	○	○	○	○	○	○
	○	○	○	○	○	○	○

 Döpfner, Lehmkuhl & Steinhausen (2006). Kinder-Diagnostik-System KIDS 1 – Aufmerksamkeitsdefizit- und Hyperaktivitätsstörung (ADHS). Göttingen: Hogrefe.

Zielbogen

für: _____

Beurteiler: _____

Ziel								
+3	erheblich verbessert, eigentlich kein Problem mehr:							
+2	deutlich verbessert:							
+1	etwas verbessert:							
0	unverändert:							
−1	verschlechtert:							
Datum								

Döpfner, Lehmkuhl & Steinhausen (2006). Kinder-Diagnostik-System KIDS 1 – Aufmerksamkeitsdefizit- und Hyperaktivitätsstörung (ADHS). Göttingen: Hogrefe.

Anhang

Die unten aufgeführten Instrumente, die in diesem Band vorgestellt wurden, können Sie beziehen über die:

Testzentrale

Robert-Bosch-Breite 25
37079 Göttingen

Tel.: 05 51/50 6 88-0
Fax: 05 51/50 6 88-24

E-Mail: testzentrale@hogrefe.de
www.testzentrale.de

Kunden aus der Schweiz wenden sich bitte an:

Testzentrale der Schweizer Psychologen AG

Länggass-Straße 76
CH-3000 Bern 9

Tel.: +41 (0) 3 13 00 45 45
Fax: +41 (0) 3 13 00 45 90

E-Mail: testzentrale@hogrefe.ch
www.testzentrale.ch

Kunden aus Österreich wenden sich bitte an:

Hogrefe Austria Ges. m. b. H.

Landstraßer Hauptstraße 71/2
A-1030 Wien

Tel.: +43 (0) 17 17 28-2 93
Fax: +43 (0) 17 17 28-1 10

E-Mail: office@hogrefe.at

Bestellnummern der Verfahren:

DCL-ADHS	03 129 03
FBB-ADHS	03 129 12
FBB-ADHS-V	03 129 19
SBB-ADHS	03 129 15
FEA-ASB	03 126 03
FEA-FSB	03 126 05
FEA-AFB	03 126 04
FEA-FFB	03 126 06

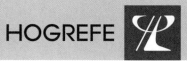